全球价值链视角下中山市产业集群的多样性升级

本书课题组　编著

经济科学出版社

图书在版编目（CIP）数据

全球价值链视角下中山市产业集群的多样性升级/
《全球价值链视角下中山市产业集群的多样性升级》
课题组编著. —北京：经济科学出版社，2015.10
ISBN 978 - 7 - 5141 - 6237 - 0

Ⅰ.①全… Ⅱ.①全… Ⅲ.①产业发展 - 研究 - 中山
市 Ⅳ.①F127.653

中国版本图书馆 CIP 数据核字（2015）第 268892 号

责任编辑：王长廷 袁 澂
责任校对：刘 昕
版式设计：齐 杰
责任印制：邱 天

全球价值链视角下中山市产业集群的多样性升级
本书课题组 编著
经济科学出版社出版、发行 新华书店经销
社址：北京市海淀区阜成路甲 28 号 邮编：100142
总编部电话：010 - 88191217 发行部电话：010 - 88191522
网址：www. esp. com. cn
电子邮件：esp@ esp. com. cn
天猫网店：经济科学出版社旗舰店
网址：http://jjkxcbs. tmall. com
北京密兴印刷厂印装
710×1000 16 开 13 印张 230000 字
2016 年 3 月第 1 版 2016 年 3 月第 1 次印刷
ISBN 978 - 7 - 5141 - 6237 - 0 定价：52.00 元
（图书出现印装问题，本社负责调换。电话：010 - 88191502）
（版权所有 侵权必究 举报电话：010 - 88191586
电子邮箱：dbts@ esp. com. cn）

课题组成员

林 凯　邹小勇　万雨龙　闫俊强

前　言

在对全球价值链视角下产业集群升级的概念、升级理论基础、升级及治理关系的系统整合的基础上，本书分析了中山市产业集群升级的发展现状、存在的问题及发展的路径。中山的产业集群已经取得了相当不错的成绩，但在新的国际大环境下，仍然存在着大而不强、低水平竞争等问题。在资源日益匮乏的今日，初级要素禀赋优势难以维持，产业技术升级的压力日益增大。集群内的无序竞争严重，上下游产业链亟待完善，创新机制不足，亟待进行产业的集群升级。本书以中山这个特殊的城市为例，基于实地调研，实证研究了全球价值链下中山产业升级的因素，在借鉴国际经验的基础上提出中山市产业升级的具体发展战略。

相信本书对于全球价值链视角下中国其他区域产业集群升级能有一定的帮助。当然，由于时间的关系，本书还有许多的不足之处和需要改进的地方。例如，本书调查的行业范围还不够全面，对产业集群升级理论的总结不够深入，运用也不够到位，提出的具体政策建议及可操作性还有待于实践的检验，这些都需要进一步的研究和探索。

　　本书是集体劳动的结晶，林凯提出全书的写作框架，并撰写第一章，邹小勇撰写第二章、第六章，万雨龙撰写第三、第四章，闫俊强撰写第五、第七章。谭莹帮忙处理了调查数据，杨劲审读了全书并提出修改意见，在此一并致谢！

作者
2015 年 9 月

目　　录

第一章

绪　　论

第一节　研究背景与研究意义

一、研究背景

经济全球化进程中，国际分工的深入将产业结构的分离和整合在全球更大的空间范围内上演，以经济活动的地理集聚为特征的地方产业网络正逐渐嵌入全球价值链的不同环节，形成了"大区域离散，小区域集聚"的特征。在这一过程中，地方产业集群为改变自身在全球价值链中嵌入的位置和组织方式，通过产业的不断升级来提升其竞争能力和价值获取能力。

改革开放以来，特别是 20 世纪 90 年代以来，我国不少地方特别是长江三角洲和珠江三角洲地区，在经济不断发展过程中，形成了各种以产业园区为依托的区域性产业集群，这些产业集群对当地和国家的经济增长、就业、出口及产业升级都起到积极的促进作用。但是我们也应看到，我国的传统产业集群主要以制造业、劳动密集型产业为主，处于以仿制和贴牌为主的低级阶段，产业层次低、技术含量较低、产品档次不高、附加值不高，市场进入的技术壁垒和资本壁垒低，竞争力主要体现在低成本、低价格优势上，知识竞争能力较弱，存在着"大而不强"的现象。面对经济全球化的机遇和挑战，我国的地方产业集群需要与全球生产网络互动，不断创新和升级。

当前全球经济持续衰退，我国的产业集群面临着巨大的升级压力和挑战。产业集群升级是我国产业结构转型升级的重要内容，有利于促进经济的持续稳定发展。在产业集群升级过程中，由片面追求产量、产值、速度的资源消耗为主的粗放型增长方式，向追求质量进步、效益提高为主导的集约型方式转变，将摒弃产业结构低端锁定的现象，形成新的经济增长点，提高产业集群的国际竞争力和抗风险能力。

产业集群升级是我国经济发展的内在要求。首先，我国传统的高资源消耗、低产品附加、容易替代的发展模式不可持续，面临很大的压力。2004年，沿海地区工资水平大幅上升，出现了"用工荒"，同时，我国逐步调整外贸外汇制度，限制了一些高消耗、低产值产品的出口；2005年，人民币开始逐渐升值，导致许多外贸行业成本大幅增加，不少外贸企业倒闭；2006年，我国开始调整部分商品的出口退税率；2007年，加工出口管制政策开始实行，进一步加强了对加工出口行业的管理；2008年，《企业所得税法》及《劳动合同法》等的出台，规范了企业的经营范围，也加大了企业的用工成本。所有这些都影响到我国沿海地区的产业集群发展状况，尤其是外贸依赖型的产业集群。出口的受阻和国内市场需求的增加，使我国的产业集群发展模式不得不发生变化，也对我国产业集群的升级和发展提出要求。

其次，自然资源的约束与环保理念的转变意味着产业集群的发展必须走集约式发展道路。我国传统的"高投入、高消耗、高排放，低循环、低效率、低增值"，即"三高三低"发展模式，使我国的生态环境和资源存量难以承载。我国新修订的《中华人民共和国环境保护法》，自2015年1月1日起实施，明确提出保护环境是我国的基本国策，企业事业单位和其他生产经营者应当防止、减少环境污染和生态破坏，对所造成的损害依法承担责任。节约和环境保护的要求也决定了产业集群发展必须向高附加值的技术型、服务型产业升级。

最后，我国的产业集群需要通过升级来提高自己在全球价值链中的地位。在长期的外资主导下，我国的外向型产业集群处于全球价值链的最低端，趋同定位以及产品同质化问题非常严重，导致行业内恶性竞争。产业集群升级，使企业有意识地选择价值创造模式，增强价值创造能力，从而实现在全球链分工体系中，由低附加值环节向高附加值环节提升。

二、研究意义

近年来，随着资源紧缺、劳动力成本攀升、国际贸易壁垒增多、环境压力凸显等问题的出现，我国经济增长遭遇了发展"瓶颈"，产业集群的升级迫在眉睫。与此同时，我们正在进入全球价值链时代，世界经贸关系变得越来越密切，研究地处改革开放前沿的中山市产业集群多样性升级具有重要的理论意义和实践意义。

首先是丰富现有的全球价值链理论和产业集群升级理论。现有产业集群升级的研究主要从两方面展开：基于外部价值链攀升的外部拉动升级路径和基于地域化视角的内部推动升级路径①。在研究性质上具有相当程度的描述性，尤其是现有研究没有对产业集群升级机理进行系统研究。在国外的研究中，产业集群研究以及产业集群升级研究大多以西方发达国家和地区的成功运行案例为范本。虽然 2000 年以来，研究对发展中国家产业集群的关注度有所提高，但研究依然存在较大的缺失。而我国学者的产业集群升级研究，大多是对相关理论的应用和过程描述，更多的将升级路径归结为技术进步和创新。然而，企业是否具有技术进步和创新的动力或条件？在全球价值链时代，是否只有通过技术进步才能实现产业升级？还有没有其他更有效的途径促进产业升级？已有的产业集群升级理论没有进行系统的回答。本研究运用产业经济学、区域经济学、创新经济学、制度经济学以及发展经济学等的理论工具和研究范式，对产业集群升级机理问题进行探索和分析，阐述了全球价值链视角下地方产业集群多样性升级机理，能够丰富现有的产业集群价值链升级理论和全球价值链理论，深化了对全球价值链时代产业集群及其升级规律的认识，具有理论研究意义。

其次是为推进中山市产业集群升级提供有益的思路。在阐述全球价值链视角下地方产业集群多样性升级机理基础上，将升级机理具体应用于产业集群升级的研究中，体现了抽象与具体、普遍性和特殊性的结合。从我国产业集群的实际情况出发，提出推进产业集群升级的针对性对策措施的研究还较

① 王娇俐、王文平、王为东：《产业集群升级的内生动力及其作用机制研究》，载于《商业经济与管理》2013 年第 2 期。

少，并处于探索阶段。中山市作为广东省产业集群升级创新试点城市，目前的一些产业集群，存在产业层次低、发展方式粗放、资源环境约束加剧等突出矛盾和问题，如何开创出具有珠西特色的升级模式具有重要的现实意义。本书从全球价值链角度考察产业集群的升级机制，探讨在价值链有效配置条件下产业集群持续发展的关键因素，并结合中山市实际情况，在对产业集群嵌入全球价值链的方式进行分析基础上，提炼出嵌入全球价值链的产业集群多样性升级机制，并为中山产业集群升级提出进一步发展的思路。本书根据我国《国民经济和社会发展十二五规划纲要》、《工业转型升级规划（2011~2015年)》、《质量发展纲要（2011~2020年)》、《珠江三角洲地区改革发展规划纲要（2008~2020年)》、《广东省国民经济和社会发展第十二个五年规划纲要》、广东省第十一次党代会报告、中山市第十三次党代会报告等纲领性文件，提出中山市产业集群升级的对策建议，以期能提升城市核心竞争力，建设资源节约型、环境友好型社会和"三个适宜"幸福和美家园。

最后是为广东省实现"三个定位，两个率先"提供理论参考。2012年年末，习近平总书记在视察广东时提出：广东要努力成为发展中国特色社会主义的排头兵、深化改革开放的先行地、探索科学发展的实验区，为率先全面建成小康社会、率先基本实现社会主义现代化而奋斗，即"三个定位，两个率先"。实现"三个定位，两个率先"，着力点是提高经济社会发展的质量和效益，关键是要推动产业转型升级，推动产业向价值链的高端发展。广东省产业集群在全国处于领先地位，以产业集群支撑和引领经济发展已经成为广东省经济发展的特色。加快转型升级是广东贯彻落实科学发展主题、加快转变经济发展方式主线的重要路径，是事关广东前途命运的一场硬仗。对于珠三角的企业来讲，随着本地的土地与劳动力成本上升、环境约束日益强化，沿着微笑曲线扩展两头业务、转移中间环节，成为转型升级的主要途径。如何把低端的生产环节转移到更低成本的地区去，而留下一些设计、研发以及专业性更强的生产活动，保留在众多企业编织的产业链中，不断努力进入产业链相对较高的附加值环节中去，成为珠三角企业转型升级的必然选择。

三、研究目的

以中山市产业集群升级的发展现状与困境为基点，通过文献查询分析与实地调研，探索适合中山市产业集群升级的发展路径。借以推动中山市"一品一镇"特色产业的转型与升级，从价值链的低附加值向高附加值转变，从模仿与贴牌的低级阶段向创建品牌的高级阶段转变，进而带动中山市经济的持续快速发展。

本书将应用产业集群理论与价值链理论，深入研究中山市产业集群发展的历程、升级现状、困境及其影响因素，总结中山市在产业集群升级中的经验和问题，为中山市产业集群的进一步发展提出发展的思路。中山市作为珠三角一个有特色的城市，其产业集群升级的经验也可为其他地区提供借鉴。

第二节 研究现状述评

一、产业集群及其相关概念

产业集群一般是指产业在空间上的集聚。在国外，经济学者和经济地理学者对产业集群的研究早已有之。最早的研究可以追溯到新古典学派的开山鼻祖马歇尔对产业集群三个形成原因的论述（Marshall，1890）。马歇尔认为，促成产业集群的原因是专业化的发展、为专业化生产提供平台以及技术溢出效应，换言之，外部规模经济与产业集群具有密切的联系。

此后，韦伯（Weber，1909/1929）从空间分析体系对产业集群进行了研究，韦伯的研究主要从资本、劳动以及土地等投入要素角度出发，结合对成本和收益的分析，阐释了工业集聚的区位选择。贝亚蒂尼（Beeattini，1978）提出了"新产业区"的概念，进一步丰富了产业集群的研究内容。与之后的相关研究结合在一起，可以从中归纳出新产业区所具有的特征，分别为企业间的专业化分工、区域创新环境以及区域创新网络。

在后来的研究中，比较具有影响力的是波特的研究工作。波特在其1990年出版的《国家竞争理论》一书中就对产业集群作了精辟的论述。而波特（1998）给出的定义被认为是产业集群的经典定义。波特认为产业集群是指在以某一主导产业为中心的某一特定领域中，大量在产业上关联度很高的企业以及相关支撑产业在空间上的集群效应，并且形成明显的竞争优势的现象。

在国内，对产业集群的早期研究主要表现为翻译与介绍国外的研究成果。产业集群的英文为"Industries Clusters"，国内学者对这个单词的翻译不太一致，大概的译文有"产业集群"、"企业集群"、"产业簇群"、"企业簇群"、"产业群"、"企业群落"、"专业化生产区"以及"特色产业区"等多种说法，但它们的大致意思是一致的。在某些省份对集群也有其特别的称呼，例如，浙江地区称其为"块状经济"，广东地区称其为"专业镇"。虽然译文繁多，但是目前最为流行的译文是"产业集群"。

如果对现有文献进行梳理，那么我们可以发现产业集群的特征是很明显的。首先，企业之间的依存度较高，联系也较为密切。其次，在空间上表现出集聚特点，在地理上相互邻近。再次，企业与上下游的关联企业和其他关联机构的互动比较紧密。再其次，企业间资源共享，知识扩散较快，技术溢出效应明显。最后，在价值链上，企业间具有互补机制。由此可见，产业集群不仅使得关联企业与产业在空间上形成了集聚，也在很大程度上促进了相关的商业活动，进而推动经济发展。

二、产业集群竞争优势

（一）国外研究现状

罗默（Romer, 1987）首次将规模报酬递增引入经济分析中后，迅速引发了其他经济学家对此方法的极力推广。其中，具有代表性的是，克鲁格曼将规模报酬递增的范式引入新经济地理学领域并做出巨大的突破性研究（Krugman, 1991）。克鲁格曼从规模报酬递增的角度对产业集群及其竞争力作了极其深入的研究，他认为不同的产业群之间的空间差异在一定程度上与企业的专业化有关，空间企业集聚与区域专业化并存，由此形成规模报酬递增的基础，进而可以证明区域内工业生产活动的空间演化格局必将是集聚。克鲁格曼的研究强调的是产业集群的自我强化机制，这种机制构成产业集群的竞争力。从这个角度出发，克鲁格曼的研究为政府的企业政策提供了理论依据。

此后，波特对产业集群的研究掀起了学者们对产业集群的研究浪潮，在国际学术界引起了广泛的深层次讨论。波特认为，产业集群可以带来国家竞争优势，也就是说，一国的竞争力依赖于企业的创新和升级能力，进一步地，为了获得稳固的竞争优势，一国具有优势的产业集群中的企业应该由国内企业组成（Porter，1990）。显然，波特的研究工作给予后人很大的启示。

（二）国内研究现状

国内对产业集群竞争优势的研究也很丰富。罗军（2007）认为，产业集群竞争优势的来源主要有：地理上的聚集性、社会文化和环境的根植性、产业的同质性和关联性、生产经营的专业性以及竞合性。黄中伟（2004）则认为，由市场关系网络和社会关系网络复合而成的产业集群网络结构是产业集群区域竞争优势的来源，而集聚、专业化分工、外部经济、技术创新和扩散不是产业集群区域竞争优势的来源，这些内容只是解释了产业集群产生区域竞争优势的机制。另外，也可以从经济学和管理学两个角度来分析产业集群竞争优势的源泉，经济学家的视角主要是外部性、分工、交易成本、信息、产业价值链和竞合理论，而管理学家的视角则是钻石模型以及资源、能力和组织理论（胡荣昌，2007）。

产业集群所具有的竞争优势可以从多个角度进行解读。有研究认为，产业集群所具备的优势有：资源集聚优势、资本利用效率优势、交易成本优势、学习创新优势、范围经济优势、外部经济优势以及区位品牌优势（刘传岩，2006）。

除了对产业集群竞争优势本身进行研究外，有很多学者对产业集群竞争优势的培育机制进行了深入的研究。田银华、唐利如（2006）提出了产业集群竞争优势菱形模型，探讨了产业集群可持续竞争优势的构成要素、功能结构和作用机理，并依据菱形模型提出了产业集群竞争优势的培育机制的相关政策建议。另外，也有学者的研究表明，明确产业集群的战略定位和路径依赖，可以成为培育产业集群竞争优势的基础（赖磊、姜农娟，2007）。

进一步地，如何提升产业集群的可持续竞争优势是一个较为引人注目的问题。吴迪（2012）认为区域创新能力可能是解决这个问题的突破点，区域创新能力与区域产业集群之间实现互动，能为产业集群拥有竞争优势提供保障，从而促进区域经济可持续发展。另外，也有学者的实证研究表明，网络关系强度会对产业集群竞争优势产生显著的正向影响，也就是说，如果网络结构下的产业集群能够通过提高互惠性、扩大合作交流范围以及增加接触的机会，来加强网络关系强度，那么将能更好地提升整体的竞争优势（闫莹、陈建富，2010）。赵鹏、罗福周（2013）深入研究了高新技术产业集群知识创新的动态过程，认为高新技术产业集群知识创新的途径有知识找寻与获取、知识传递与扩散、知识引进与共享以及知识整合与创新。刘媛媛、孙慧（2014）对资源型产业集群的研究表明，需要提升资源型产业集群的市场化程度，推动集群内产业结构转型升级，实现产业集群的可持续发展。

三、产业集群升级

目前，学者们主要从全球价值链和区域创新两个视角对产业集群升级进行研究。

（一）基于（全球）价值链视角的产业集群的研究

1. 国外研究现状

垂直分离和片段化是全球价值链的特点，而分离出来的经济活动在空间上则会表现出强劲的集聚倾向。从发展中国家的产业升级来看，发展中国家产业集群获得进入市场、提升生产能力以及得到与发达国家产业重新分配利益的机会的途径是加入全球价值链，因此，产业集群的外部性很重要（Humphrey & Schmitz，2000）。以全球视角来看，产业集群的升级是全球价值链系统升级的过程，而非集群内单个企业升级的简单总和，这种系统升级是在全球价值链的分工体系下获得价值增值的（Giulian，Pietrobelli & Rabellotti，2005）。

2. 国内研究现状

在国内，有研究表明，要保证地方产业集群在与全球价值链耦合时获取价值链中高附加值和核心战略环节的竞争优势，则应该在发展地方产业集群时考虑全球价值链嵌入和耦合的推动力，并且以集群的供应链式整合为地方产业集群升级的关键（黎继子、刘春玲、蔡根女，2005）。产业集群的升级是使集群具备长期竞争优势的必要条件。罗勇、曹丽莉（2008）深入分析了我国制造业集群在全球价值链中的位置，并结合全球价值链曲线的形状，提出了符合我国实际情况的产业集群升级的路径，主要是底端向上的"制造升级"以及向左右两端高附加值环节的创新升级和集群自身的结构优化升级。

（二）基于（区域）创新视角的产业集群升级研究

1. 国外研究现状

一般认为，产业集群的创新过程内生于生产网络或者生产群的制度环境中（Margan，1996；Lagendijk & Charles，1997）。在产业区内，本地企业结成创新网络是十分重要的（Harrison，Price & Bell，1998）。也有研究表明，前向联系和后向联系可以促进创新（Breschi，Lissoni & Malerba，2003）。

2. 国内研究现状

在全球化背景下，产业集群及其升级是区域经济发展的重要模式之一，而我国产业集群缺乏创新优势，这是一个需要注意的问题。李克杰（2006）以产业集群区域网络为研究对象，运用网络分析法深入剖析了产业集群区域的网络协同创新规律，认为集群网络的创新是动态循环累进的自组织过程。鉴于我国目前没有学者在产业集群对区域创新能力的影响方面进行深入细致的研究，因而减弱了此机制对实践的指导作用。所以，有学者的研究选取长三角通用设备制造业作为实证对象，以产业集群的识别为研究起点，详细地考察了产业集群对区域创新能力的影响机理，并提出了相应的对策建议（姜明辉、贾晓辉，2013）。

（三）对传统产业集群升级问题的研究

实际上，由于传统产业集群表现出的发展势头较为强劲，已经引起了很多学者的关注。对这种经济现象的研究主要集中在两个方面：首先，对传统产业集群和集群式民营企业的研究；其次，对民营经济产业升级的研究。

1. 对传统产业集群和集群式民营企业的研究

郭金喜（2007）认为传统产业集群升级在多数情况下主要是外部冲击使然，而并非单纯源于集群自身的主动建构，并且利用案例分析表明，这比较符合传统产业集群的实际升级过程。伍励（2008）对广东中山古镇传统的灯饰产业集群现象进行了深入研究，探讨了区域创新网络对传统产业集群升级的作用机制，发现区域创新网络促使集群持续创新能力的形成，进而促使集群不断升级。此外，还有研究从理论研究和实证分析两方面对我国传统产业集群的升级机制进行探析，以劳动密集型为特征的我国传统产业集群实现升级的特点和所应注意的问题为重点，提出了如下政策建议：以政府引导为保障，让龙头企业起带头作用，以行业协会推动产业集群的学习能力，技术研发与先进管理理念并重，谨慎并有效利用全球价值链升级理论（翟勃，2009）。

2. 对民营经济产业升级的研究

有研究表明，从民营经济在中国经济的结构特点以及民营经济的内部产业结构来看，民营经济是推动中国经济增长和产业升级的主要推动力（王劲松、史晋川、李应春，2005）。而胡金生（2005）提出了以区域为中心的产业升级概念，并以台州产业发展为个案，对民营经济先发地区的产业集群升级现象进行了考察，进而指出产业处于低水平的重要原因是民营经济先发地区企业能力积累不足和区域对产业支撑能力不足，相应地，给出了民营经济先发地区政府在推进产业升级过程中需要重视的政策。

第三节 研究思路、方法及内容

一、研究思路

本书从实践出发，从问题入手，总结中山市在产业升级中的路径与方式，并用理论工具将其分类与归纳。本书分析中山市产业集群发展的历程、现状以及产业集群升级面临的机遇、挑战，产业集群升级中具体的影响因素及政府在产业集群升级中应起到的指导、示范作用等是本书的重要内容。本书首先构建研究的理论框架，其次对中山市产业集群发展进行分析，再从全球价值链的视角下分析中山市产业集群升级的影响因素，并对中山市的灯饰、服装、家电、食品家具、五金制品等有特色的产业集群进行案例分析，以期深入了解产业集群升级的影响因素、存在的困境及面临的机遇和挑战，为产业集群升级提出政策建议。本书的研究技术路线可用图 1.1 来表示。

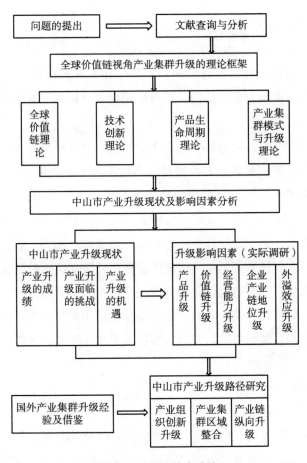

图 1.1 研究的技术路线

中山市产业集群发展已经取得了可喜的成绩。但是对一个地区来讲，以前成功的经验可能成为后来持续发展的包袱，这是由路径锁定决定的。"中等收入陷阱"的概念也印证了这一理论，对于现在的中山市而言，能否跳出以前经验的羁绊，转入一个更有活力的、更有技术创新能力的发展阶段，是中山市目前需要特别关注的问题。这一问题，也同样代表了珠三角乃至全国的区域经济如何推进经济发展方式转变的问题，重点在于这个地区的产业如何转型和升级。所以，分析中山市在经济转型中如何进行集群升级及未来的发展态势，是本书分析的重点。

二、研究方法

本书基于我国经济转型升级的大背景，注重规范研究与实证分析相结合、定性分析与定量分析相结合，综合运用比较分析法、案例分析法以及系统研究方法。

具体的讲，第一，研究将运用案例分析法，分析中山古镇灯饰、沙溪服装、南头家电、黄圃食品、大涌家具、小榄五金等产业集群的发展。第二，实际调研，运用具体的调研数据，从产品升级、价值链升级、企业能力升级、企业产业链定位升级、关联与外溢效应等方面来分析影响企业产业升级的具体影响因素。第三，比较分析方法，本书通过对国外产业升级的经验进行对比分析，为我国特别是中山市的产业集群升级提供经验借鉴。

本书自始至终都坚持实证分析与规范分析相结合的研究方法，笔者在对实际资料进行分析和求证的同时，也十分注重运用规范分析法对调研资料加以理性的评价与系统的归纳，使之与实证研究相互补充，相得益彰。

三、主要内容

根据理论逻辑与内容的安排，本书的研究将分成七章。

第一章，概括性地介绍研究的背景、意义、研究思路与内容安排。

第二章，确定本书的理论框架，分析本书的研究视角、起点。集群是一个融入了企业与产业发展的区域性特征，将集群作为一个分析对象，梳理与评述现有的产业集群文献是本书展开理论研究的起点。在综合应用价值链理论、产业经济学、演化经济学、管理学相关研究成果的基础上，介绍了本书的理论基础，主要包括全球价值链理论、产品生命周期理论、技术创新理论等，从而形成探讨中山市产业集群升级模式的理论框架。

第三章，分析全球价值链下中山市产业集群发展的现状。本章分析了中山市的区位优势和产业集群形成机理及特征、中山市产业集群所带来的经济绩效和社会影响。本章重点分析在全球价值链视角下，中山市产业集群的发展困境和机遇，为产业集群转型升级寻求发展的动力。困境主要来源于土地和劳动力成本的快速上升、技术创新压力增大、环境承载的压力上升对产业链升级的迫切要求。本章将中山市的产业升级放在全球价值链的视角下，将中山市的机遇和挑战在与全国各地区比较分析中加以观察，得出有说服力的结论。

第四章，分析中山市主要产业集群的发展历程及成就，通过对古镇灯饰、沙溪服装、南头家电、黄圃食品、大涌家具、小榄五金等的发展概况、发展历程、发展特点、发展困境及机遇进行分析，来展现中山市主要产业集群"一品—镇"的发展历程。本章将对中山市主要产业集群的发展历程进行分析，总结出中山市"一品—镇"的发展路径，进而为中山市产业集群的升级提供有效的办法。

第五章，分析全球价值链视角下中山市产业集群升级的影响因素。利用实地调查数据，采用主成分和因子分析法对影响中山市产业升级的主要因素进行分析，从而对全球价值链视角下中山产业集群升级的现状及升级的因素进行全面的定位。

第六章，研究和分析国外有代表性的产业集群升级案例，主要包括意大利的劳动密集型产业升级、美国技术密集型产业集群升级、印度软件产业集群升级。总结国外产业集群升级的经验，为我国产业集群升级特别是中山市的产业集群升级提供启示和借鉴。

第七章，全球价值链视角下中山产业升级的对策研究，本章从产业集群的组织形态优化、横向区域整合及产业链纵向优化的角度，分析中山市政府在产业升级中应起到的作用，为中山市产业集群升级提供政策建议和参考。

第二章

全球价值链视角下地方产业
集群多样性升级机理

第一节 理论基础

一、全球价值链理论

价值链是指产品或者服务从提出概念与设计，经过加工，成为成品运送到消费者手中，直到消费者使用后的最终处置的整个过程。全球价值链一般是指为了实现产品或者服务的价值而将生产、加工、销售以及回收处理相互连接的全球性跨企业网络组织。全球价值链涉及研发设计、半成品和成品的生产和销售、最终消费、售后服务以及废品回收利用等环节。根据产业在空间转移进程中表现的不同特征，全球价值链的治理模式可以细分为模块型、关系型以及领导型三种（Gereffi，Humphrey & Sturgeon，2005）。

全球价值链视角下，我国产业集群如何升级是一个不容回避的问题。罗勇、曹丽莉（2008）深入分析了我国制造业集群在全球价值链中的位置，并结合全球价值链曲线的形状，提出了符合我国实际情况的产业集群升级的路径，主要是底端向上的"制造升级"以及向左右两端高附加值环节的创新升级和集群自身的结构优化升级。也有研究认为，实质上，全球价值链视角下区域产业集群升级的内在机理是一种"网链协同"模式，具体来说，

"网"即为集群知识网络,"链"是全球价值链以及自主价值链,"协同"是指两个或者两个以上的主体互相协调,进而一致地完成目标的过程和能力。因此,全球价值链视角下区域产业集群全面升级的路径有两条:一是嵌入全球价值链,完善知识网络;二是依托知识网络,构建自主价值链(陈超,2013)。

在实际经济现象中,全球价值链分工对我国的经济发展具有双面效应。张兴瑞(2011)以长三角地区全国百强县为例,在对该地区经济现实的深入跟踪考察基础上,发现了全球价值链分工对后发地区或本地企业具有双面效应,即经济增长效应与结构封锁效应,认为前者由于受益于全球价值链分工的经济增长效应而助推了该地区经济规模增长,后者则在产业集群升级时受到发达地区的阻击而阻碍获取全球价值链的高附加值的机会;并且指出了产业升级的四条关键路径,一是工艺升级,即提升生产制造的价值链位势;二是功能升级,即生产性服务与制造业深度融合;三是培育壮大本地企业,强化产业根植性;四是开拓内需市场,激发潜在需求。

另外,由于国际分工体系造成的低端锁定效应是我国的产业集群升级面临的一个重要问题。在经济全球化的驱动下,许多发展中国家的产业集群以嵌入全球价值链的方式在全球市场与国际企业开展竞争,并寻求升级机会;在"市场换技术"政策的引导下,我国各产业部门也试图通过国际合作和技术引进的方式来快速提升技术水平和产业竞争力。但是,一个突出的问题是市场难以换来核心技术和前沿技术,由此而带来的问题是,许多产业集群被锁定在价值链的低端环节,不仅导致企业的利润水平低下,也导致了当地经济发展失衡(兰宏,2013)。兰宏(2013)的研究试图从集群企业知识学习和积累机制的角度出发,基于学习障碍这一概念,对全球价值链下的低端锁定现象进行了深入解读,认为导致全球价值链下低端锁定现象的根本原因是嵌入性依赖和知识壁垒两大学习障碍。其中,前者使企业容易受到领导企业的牵制,进而基于自主创新的内生性知识积累途径逐渐弱化甚至消失,后者则阻碍了低端企业获得领导企业把控的关键产业技术。在二者的共同作用下,企业无法获取升级所需的知识积累,并且难以摆脱对现有技术发展的路径依赖,因此,就会陷入低端锁定。可以看到,产业升级的必要条件是解决嵌入性依赖和知识壁垒两大学习障碍,对此,政府是可以有所作为的。因为政府是突破低端锁定的外生力量，可以引导企业开展自主创新活动以及利用大型战略项目倒逼企业技术升级，并且承担路径突破中的转换成本。

当然，在全球价值链下对产业集群进行升级的过程中，需要应对和处理相应的风险。段文娟（2007）认为，在全球价值链下，发展中国家产业集群升级存在风险问题，可以界定为，在嵌入由发达国家跨国公司主导的全球价值链的地方产业集群的升级过程中，由于集群内外部存在不确定性因素，而导致其升级活动偏离预期目标的可能性及其结果。进一步地，由于风险来源不同，可以将风险划分为内生性风险与外生性风险。其中，内生性风险是本性风险和内在原因，外生性风险是诱发因素和强化机制。与此相应的政策建议是，为了有效规避升级风险，发展中国家产业集群及其企业需要关注内外部关联，及时对全球价值链上的动态变化做出反应，充分发挥产业集群的集体效率优势来提升自身能力，特别是增强集群中核心环节的全球竞争优势。另外，在全球价值链上，不同国家的产业集群所具有的地位是不同的，显然，发展中国家的产业集群由于处于被治理者位置而易受发达国家的控制，进而产生风险；对发展中国家而言，一般存在的风险为，产业集群将低廉的成本作为竞争优势，但是这种优势很容易被其他更具成本竞争力的区域替代，从而陷入"空洞化"和"边缘化"，集群内部为了融入全球分工体系，相互之间可能会恶性竞争，因而导致"过度竞争"。因此，可以从以下三个方面做出应对措施：一是努力实现产业集群功能升级和提高自身实力；二是政府要加强完善对集群的政策支持和服务；三是积极鼓励与激励集群自主创新（杜文芳，2009）。

二、技术创新理论

技术创新的内涵不是唯一的。其中，较为经典的是，技术创新是指把未曾有过的关于投入要素的新的组合引入生产体系，例如，引进新产品或新技术，开拓新市场，实现新的工业组织等（Schumpeter，1912）。一般认为，技术创新可以分为三类：一是突破式技术创新，这种创新最具冲击力，但是概率低而且数量少；二是改良式技术创新，这种创新只是对现有的技术进行改造，但会对生产过程产生良性的累积效应，因而取得成功；三是转移式技术创新，这种创新是将原本关联不是很大的技术移植到别的地方，也会获得成功。

产业集群和技术创新是密切相关的，二者相互作用、相互影响、相互促进。一方面在扩大产业集群规模、提高产业集群的竞争力、推动产业集群升级、优化产业集群产业结构以及促进产业集群可持续发展等方面，技术创新通过各种形式和途径起着很重要的作用；另一方面，通过产业在空间上的聚集和分工协作，产业集群为集群内企业进行技术创新提供了平台，有利于推进技术创新（范光基，2009）。

产业集群技术创新的优势体现在很多方面。有研究表明，基于产业集群的技术创新的扩散对一个国家的长期经济发展具有正向作用。沈颖（2009）认为，技术创新对一个企业、一个地区、乃至一个国家经济发展具有决定性因素，而产业集群是技术创新的有效载体，产业集群增强了技术创新扩散。进一步地，沈颖（2009）的研究主要研究了产业集群内企业之间相互作用对企业决策行为的影响，进而建立了企业个体决策状态转移概率模型，并在此基础上建立了产业集群的技术创新扩散模型，深入讨论了产业集群内企业决策行为和技术创新扩散机制的关系。陈旭（2007）利用产业组织理论、战略管理理论和技术创新理论的视角，运用系统分析和博弈分析等方法，对基于产业集群的技术创新进行了比较深入的研究，认为产业集群内企业进行合作创新时，合作企业间的距离越近越好，而产业集群内企业进行非合作创新时，企业间距离已经影响不大，因此，企业技术创新的策略要依情形而定。冯森（2013）认为技术创新服务体系在产业集群的技术创新中发挥重要作用，在研究产业集群和技术创新的基础上，重点研究了产业集群技术创新服务体系，阐明了科技中介机构和公共服务平台为产业集群内部企业的技术创新服务的机制和机理，构建了产业集群的技术创新服务体系供需模型，认为技术创新服务的需求由企业或者企业联盟等主体在技术创新过程中提供服务的机构构成，而技术创新服务的供给主要由科技中介服务机构和公共服务平台构成，并用产业集群的技术创新服务体系模型解释了技术创新服务体系的组成部分以及运行机理。

虽然技术创新优势是产业集群相比非集群产业所特有的优势之一，但在实际经济现象中可以观察到，有些产业集群因技术创新能力不足而出现衰落的现象。胡大立、张伟（2007）应用完全信息静态博弈模型对这个现象进行了理论解释，发现产业集群内企业从本质上看都缺乏技术创新的动力，认为有必要在集群内部组建集群技术创新中心来解决集群技术创新资源不足的问题。以中医药产业为例，虽然中医药产业是我国的传统产业，并且是具有国际竞争比较优势的集群，但目前却存在着产品质量低下、技术研发不足、制度不完善等问题，因此，表现出技术创新不足的特点。为了解决这个问题，需要构建以专利制度和技术标准建设来推动中医药产业技术创新的路径，建立健全资金、人才以及技术保障体系（熊新忠，2012）。

为了解决产业集群的创新优势不足的问题，可能需要多方协调合作。张艳清（2011）认为，企业保持持续竞争力的关键因素是技术创新，产业集群内的中小企业处于技术创新滞后的状况，因此，应该通过政府从财税激励、政府采购、共享机制、融资支持以及中介服务机构等途径对中小企业技术创新活动进行有效支持。刘辉、刘瑾（2012）以浙江的产业集群为例，说明了加强集群的技术创新是推动浙江产业集群升级的重要途径，其中，标准化对产业集群的技术创新具有重要的促进作用。在解决产业集群的创新优势不足的问题时，产业集群的网络创新机制与其能力培育是息息相关的。实际上，从网络视角来看，产业集群是一个由企业部门、政府部门、高校及科研院所、金融中介机构等多个主体构成的网络体系。王辉（2008）将产业集群网络划分为核心网络、辅助网络、外部网络三个部分，分别研究了这三个部分在集群网络创新中的作用机制，并且提出了产业集群能力培养的三个关键决定要素：商业模式、知识存量与增量、技能形成，认为中国产业集群的升级与发展需要加强政府的作用。

三、产品生命周期理论

产品和人类一样具有生命，需要经历形成、成长、成熟以及衰退的完整周期，并且在不同技术水平的国家间，这个周期存在较大的差距和时差，也就是说发生的时间和过程不一样（Vernon，1966）。一般情况下，可以将产品生命周期分为产品开发期、引进期、成长期、成熟期以及衰退期五个阶段。在产品开发期,企业开始设计并制造产品,此阶段产品销售额为零,企业投资不断增加;在引进期,企业开始在市场上销售新产品,但较为缓慢,由于初期费用过高,利润不理想,但此阶段没有或者只有少数竞争者;在成长期,产品在市场上已经有知名度,销售快速增长,利润状况逐渐好转,此阶段会吸引很多竞争者进入该市场;在成熟期,市场容量趋于饱和,企业的生产达到利润最大化点后开始走下坡路,此阶段竞争较为激烈,企业会花费较多的营销费用;在衰退期,产品的销量将会明显地减少,企业的利润也将大幅度下落,此阶段市场上的竞争者越来越少,剩下的都是经过优胜劣汰后的优质企业。与此相关的是,传统的产业集群的生命周期可以划分为形成阶段、成长阶段、成熟阶段以及创新阶段。在形成阶段,产业集群开始逐渐出现,集群经历着从萌芽到形成的阶段,专业化和分工协作开始出现,集群的规模也开始扩张,而且社会关系网络和当地人文环境对集群的形成有至关重要的作用;在成长阶段,集群类型趋于成熟,规模迅速扩大,专业化和分工协作水平进一步提升,集群创新要素也开始集聚,集群内企业间的溢出效应较为明显;在成熟阶段,集群规模趋于稳定,保持动态平衡状态,生产网络不断向外拓展,专业化和分工协作水平得到深化,社会关系网络促进创新网络的形成;在创新阶段,由于创新网络已经形成,集群内企业间开始形成并完善了风险共担、资源共享以及优势互补的协作创新体系。

产品生命周期与异质性企业的动态国际化战略选择有较大关联。苏振东、逯宇铎、刘海洋(2011)在基于 Uppsala 动态企业国际化理论与实践的基础上,从产品生命周期视角出发,构建除了能够内生异质性企业多阶段、渐进式以及多样化动态国际化战略选择过程的一般均衡模型。苏振东、逯宇铎、刘海洋(2011)的研究认为,企业能力的分阶段、渐进性、多样性国际化成长是企业动态国际化成长的实质,其内在的微观实现机制是,为了应对市场信息不对称,基于充分考虑自身差异化产品生命周期内各个阶段技术创新过程不同特点,为最大化其产品生命周期内的企业价值,企业做出理性现实选择。

闫华飞、胡蓓(2013)认为,如同产品生命周期,产业集群也有周期性,可以大致分为诞生、成长、成熟以及衰退;进一步地,根植性在产业集群的不同发展阶段发挥着不同作用：在形成与发展阶段，地域根植、产业根植和知识根植正面影响产业集群；而在成熟与衰退阶段，三者转化为地域锁定、产业锁定和知识锁定，对产业集群的再次演化升级产生负向作用。在研究产业集群时，与产品生命周期相关的理论有产业梯度转移理论。黄玮（2009）指出，产业梯度转移理论是在产品生命周期理论和区域生命周期理论的基础上演化而来的，是研究区域产业布局和转移问题的重要分析工具。黄玮（2009）的研究认为，仅仅运用产业转移理论对我国目前的产业的发展进行解释是不够的，还需要结合产业梯度理论来共同指导我国区域产业集群的发展以及产业集群的转移。雷小毓（2007）从演化经济学的角度出发，阐释了产业集群生命周期的内涵，分析了产业集群生命周期和产品生命周期的差异，总结和分析了各种不同类型产业集群生命周期阶段的特征，最后讨论了产业集群在生命周期各个阶段的风险，并且从可持续发展的角度提出了产业集群发展的创新路径和政策建议。也有研究从创新战略的角度对产业集群的创新制度进行探讨，认为不同的产业集群内企业的创新战略也应该不同（薛求知、韩冰洁，2007）。

企业在进行生产和创新决策时需要考虑的重要因素之一是产品生命周期，换言之，产品生命周期与集群内企业间的溢出效应是有相关关系的。陈宇科、邹艳、杨洋（2013）在 DJ 模型的基础上，通过引入外生变量（有限的产品生命周期），建立了基于产品生命周期和溢出水平的企业技术研发模型，深入探讨了企业的三种研发策略对研发效果、企业利润函数的影响，研究结果表明，一是企业的研发效果和利润函数都是产品生命周期的增函数；二是在产品生命周期条件下的企业研发效果高于 DJ 模型中的企业研发效果；三是不同的技术溢出水平对企业的研发策略产生影响。企业在进行生产和创新决策时，不仅需要考虑产品生命周期与集群内企业间的溢出效应之间的关系，也需要考虑企业融资决策与产品生命周期之间的关系，特别是对上市公司来说，这一点尤为重要。有研究表明，产品生命周期与中国上市公司的资产负债率存在着显著的负相关关系，随着产品生命周期阶段的升高，公司更加偏好于债务融资，由此增加了其经营风险和资金风险；进一步地，与成长期相比，成熟期内资产负债率与公司产品获利能力的负相关关系更大；通过计量经济学手段在控制公司产品生命周期因素情况下，上市公司投资期限与债务融资期限选择基本匹配，公司债务融资与其产品生命周期所决定的自由现金流量呈现出负相关关系，这就反映了公司寻求负债融资的动因是资金短缺（肖虹，2007）。

四、产业集群模式与升级理论

产业集群模式的划分不是唯一的，并且任何一种产业集群模式都不可避免地存在一些问题。窦娜娜（2007）在介绍了国内外关于产业集群模式的研究现状和分析了区域经济与产业集群的互动关系的基础上，以包括企业规模、主体和竞争合作方式在内的集群生成机制和主导因素为主线，将我国的产业集群模式划分为以下五种：一是市场导向型，二是外资引入型，三是内源品牌型，四是政府主导型，五是混合型。进一步地，窦娜娜（2007）的研究认为，由于产业集群内企业间的竞争与合作关系，所以不同模式对集群发展的影响也不一样。发现了市场导向型集群存在的问题为分工不充分、缺乏创新力以及管理水平不高，外资引入型集群存在的问题是群居链复制和核心技术锁定，内源品牌型集群存在的问题为创新学习能力与竞争力不足，政府主导型集群存在的问题是锁定效应和机制体制障碍。因此，在宏观层面，应科学地制定产业集群发展规划，在中观层面，应优化区域产业结构，在微观层面，应建立企业家协调机制。与窦娜娜（2007）的划分不同，王乙伊（2005）以集群内部的市场结构为视角对产业集群进行模式划分，将其划分为零星式、网络式、轴轮式、多核式以及混合式五种模式，并且发现这些产业集群模式也存在问题，零星式集群的问题是"柠檬市场"和公共资源的过度利用问题，网络式集群的问题是创新动力不足，轴轮式集群的问题是集群缺乏灵活性，多核式集群的问题是核心企业过度竞争。因此，我国产业集群发展战略的目标定位应该是解决我国产业集群发展中存在的"市场失灵"和"系统失灵"问题。

由于任何一种特定的产业集群模式都存在问题，所以产业集群需要不断升级来克服这些问题。王来军（2014）认为实现可持续发展的关键是产业集群升级，这也是产业摆脱锁定和衰退的出路。产业集群是创新驱动机制的作用对象，产业集群升级是创新驱动发展的目标，创新驱动是产业集群升级的核心机制，认为创新驱动是一种资源配置方式，是一种内生发展模式，是一种创新功能系统，也是一种产业发展战略。王来军（2014）的研究从创新资源、创新主体、创新机制和创新环境四个方面入手，在创新资源研究中，探讨要素资源如何通过优化组合促进集群升级；在创新主体研究中，分析创新主体间的互动协同关系；在创新机制研究中，探讨市场机制、政府调控机制和集群治理机制在集群升级中的作用和联动特点；在创新环境研究中，从区域、国家、全球三个层面，分析环境因素对产业集群升级的影响。在此基础上，提出了相应的政策建议，创新驱动是产业集群升级的主要动力，依靠各个创新主体的协调合作，进行创新功能的集成，共同推动产业集群的升级和发展。也有研究认为，知识系统内的知识资产质量、结构和形态转化从不同层面和角度影响着集群升级的过程，因此产业集群的升级依赖于其知识系统的持续创新（刘闲月、孙锐、林峰，2012）。刘向舒（2011）认为不同类型不同发展阶段的产业集群升级路径是不相同的，并论证了以下几点结论，首先，简化的产业集群升级方式遵循"区域创新网络—区域品牌—价值链"逻辑；其次，集群创新能力的提升和效率的改善提升产业集群创造价值能力，而产业集群创造价值能力的提升是产业集群升级的本质；最后，内部资源的约束必将限制产业集群的发展，因此，产业集群要以一个开放式的形态完成在经济全球化时代的发展。另外，我国传统产业也面临被迫升级的压力。翟勃（2009）通过对发展过程相类似的拉美国家传统产业集群和意大利传统产业集群的发展经验进行研究后，认为传统产业集群实现升级需要关注的地方为：一是完善集群内部网络结构，二是培育企业家精神，三是完善行业组织的服务支持作用，四是政府实施扶持政策，五是实现产品品牌的树立和营销网络效应。并给出了以下五条政策建议：一是政府要有保障引导的作用，二是龙头企业要有带头示范的作用，三是行业协会要有推动产业集群的学习能力的作用，四是既要重视技术研发又要重视先进管理理念，五是谨慎并且有效利用全球价值链升级的相关理论。

对我国的产业集群而言，在升级过程不能忽视的是，知识溢出和社会资本。张扬（2009）通过选取248家企业为样本进行实证研究后，认为在知识溢出对集群企业能力的影响中，集群内部知识溢出对集群企业组织学习能力、动态能力以及渐进式创新能力起显著的推动作用；而在社会资本对集群企业能力的影响中，社会资本对集群企业组织学习能力、动态能力以及突破式创新能力起显著的推动作用，对集群企业渐进式创新能力的影响不显著。进一步地，张扬（2009）的研究指出，知识溢出和社会资本通过这些影响间接影响产业集群的升级过程，因此，在产业集群升级过程中，集群内企业要特别重视知识溢出和社会资本。

第二节　影响产业集群演进的因素

一、政府对产业集群演进的作用

产业集群演进的内在机理可以概括为以下三点：一是政府对产业集群演进的作用；二是分工的细化与深化对产业集群演进的作用；三是市场需求对产业集群演进的作用。

产业集群作为一种新型产业组织形式和有效的区域经济增长方式，日益受到世界各国政府与国际组织的高度关注。中国作为一个处于经济转型时期的后发国家，政府对产业集群的成长，毫无疑问具有十分重要的作用。政府是产业集群演进重要的外部影响因素。政府通过产业集群政策以自上而下的方式影响集群演进，促进集群动力因素的更迭演进。简单地说，首先，在产业集群的形成阶段，政府应该创造宽松与积极的政策环境，也就是说，政府应该增加在公共设施上的投入，增强产业集群的区位竞争力，促进集群的演进。在集群进一步演进阶段，政府应该通过构建企业之间的合作交流平台制定激励机制，促进企业间的交流与合作网络的形成。在集群的成熟阶段，对于集群创新体系的形成而言，政府的支持具有重要的作用。我国的地方政府可以说已经成为相对独立的行为主体，这些地方政府都具有一定的经济利益和分散的决策权。作为促进地区经济发展的重要手段之一，在追求地方利益的动机下，地方政府必然会推动产业集群的演进。随着改革进程的深入、市场机制的不断完善以及企业产权的日益明晰，并且分工发展到一定的程度，地方政府实现递增报酬的角色就应该由企业家承担，否则经济发展的结果会不尽如人意。因此，地方政府需要转换制度创新的方式，对自己在推进产业集群演进中的角色进行正确定位，为产业集群的演进做好铺垫。

借鉴发达国家的经验，并结合当下的中国实际国情，政府在产业集群成长中的基本功能定位与应该发挥的一般性作用主要包括：第一，制度供给；第二，公共产品供给；第三，提供包括生产者服务在内的公共服务；第四，创建区域创新系统；第五，通过支持中间组织发展间接扶持产业集群成长，以及进行市场环境的维护和经济指导等。

通过观察其他国家的经验，可以发现，每个国家的政府对产业集群的成长都有一些成功的做法。对于处于不同生命周期阶段的产业集群以及不同类型的产业集群，需要政府所起的功能和作用也是不同的。因此，政府需要根据产业集群的具体类型和所处的演进阶段，因时、因地制宜，发挥应有的作用，从而更好地促进产业集群的成长，并以此支撑当地产业竞争力的提升和区域经济的健康发展。当然，政府的作用也不是一成不变，它需要根据产业集群的演进状况适时加以转变。具体地，在产业集群形成的前期，地方政府对产业集群的直接政策扶持往往是必要的，但是，随着产业集群的逐步演进，特别是市场规模的逐步扩大，政府应当将许多职能移交给市场主体。在当今经济全球化的背景下，国家之间、区域之间的竞争日益加剧，而竞争力的大小则主要取决于创新能力的高低。由于产业集群在现今产业国际竞争和区域经济发展中的作用日趋明显，因此，各个国家的政府都在研究制定自己的产业集群政策，这对于中国这样一个处于经济转型时期的后发国家而言，无疑具有很强的借鉴意义与启发作用。根据西方发达国家的经验，中国应该建立起全面考虑知识网络、生产网络和社会网络的产业集群政策。进一步地，产业集群政策是政府、产业和研究机构多方面互动的结果，其实施可以是自上而下或自下而上的两种互动过程。鉴于政府也存在失灵的教训，政府在产业集群政策中的角色定位应该是促进者而不是参与者。产业集群的发展是自上而下和自下而上两种方式共同作用下的市场主导的结果，政策在其中应该只起到催化剂和润滑剂的作用。总之，政府在政府主导型产业集群的演进发展过程中处于主导地位，其政策扶持是产业集群演进发展的制度保障，可弥补产业集群的市场失灵和制度失效，使产业集群的演进发展步入正轨。

二、分工细化与深化对产业集群演进的作用

由于中国有分布众多的产业集群，一度被称为"世界工厂"。产业集群产生的主要原因之一是专业化分工，人们为降低专业化分工产生的交易费用和获取由分工产生的报酬递增的一种空间表现形式就是产业集群。从分工的不同层面看，技术分工、社会分工、区域分工、国际分工对产业集群演进具有不同的作用机理。按照经济学经典理论，当企业内部组织成本大于市场交易成本时，企业内部技术分工就外化为社会分工。那么，产业集群从技术分工到社会分工的机理何在呢？

首先，从技术分工角度看，技术分工提高劳动效率，但会增加生产环节进而增加企业组织成本。劳动效率提高，然后导致生产成本下降，进一步地，产量就会增加，这样就会扩大了市场规模，如此便会使产品和劳动力的交易频率不断提高，进而交易成本就会增加。如果从市场规模的扩大的这一面入手分析，那么我们会发现市场规模的扩大会进一步促使企业技术分工不断细化，生产环节也就越来越多，企业内部组织成本也就会不断增加。此时，就有了社会分工，也就是说，社会分工会产生出许多只从事某一个特定生产环节的专业化运作企业，并进一步形成企业网络。这样一来，社会分工使交易成本进一步增加。交易成本中主要包含了运输成本、信息收集成本、谈判签约成本等。当然，分工的细化与深化又是会降低交易成本的，那么分工的细化与深化又是如何降低交易成本呢？降低交易成本要依靠提高交易效率。为了降低交易成本，提高交易效率，企业有集聚在特定区域的内在动力。当大量从事专业化分工协作的企业集聚在一定区域时，又会进一步促使技术分工和社会分工的深化，深化的结果就是区域分工。由于在自然资源、经济资源与文化资源的禀赋方面存在差异，不同区域拥有不同的区域优势。因此，不同地区就可以依据自己的区域优势进行专业化分工，生产自己具备竞争优势的产品，以便同其他地区进行商品交换。在形成区域分工之初，会形成有一个中心和许多外围的区域分工格局，并且呈现出资源向中心区域集聚的趋势。中心区域产业集群的不断发展，会使集群内部的劳动力价格、地租等因企业过度进入和拥挤而上升，这个时候许多专业化生产企业会迁出中

心区域的集群，转移到生产成本比较低廉的外围地区集聚，这样在外围地区也会形成从事专业化生产的产业集群。可以看到，随着经济全球化进程加快，世界产业结构加快调整、外资的大量涌入，都对我国地域分工产生深远影响。显然，东南沿海承接国外产业转移，建立了许多劳动密集型企业，形成了许多以出口加工为主的专业化产业集群，融入了国际产业分工。并且，全球价值链的形成和发展为产品内国际分工的展开提供了基础。

专业化分工带来的交易费用降低有利于产业集群的演进。首先，如果把交易对象间距离的减少看成是一种经济聚集倾向，那么交易对象间距离的减少就会引起分工的进一步深化，导致产业集群的演进。在开始的时候，过高的交易费用会使人们选择自给自足，这个时候是没有分工可言的，因此也不会有产业集群。但是，当交易效率提高到一定程度的时候，制造业就会有专业化分工的倾向。为了减少成本以及应对风险，企业的决策会本能地导致经济集聚，这样就会降低分工带来的交易费用。并且，随着进一步的分工，交易效率进一步提高，专业化程度也进一步提高，慢慢地出现了产业集群。产业集群的演进就会伴随分工不断深化。分工深化拉长了产业链，进而使中间阶段的产品不断增加，从而增加了企业在供应链上的交易成本，此时垂直一体化的出现就会为了保证分工之后的经济效益，来提高交易效率与降低交易费用，以维持专业化企业的存在。故而生产中间产品的企业就会围绕着生产最终产品的企业在空间上出现经济集聚，这就是分工协作的专业化生产企业之间降低交易费用的选择之一。同时，分工的不断深化会导致消费产品的多样化，因此，消费产品种类就会随着分工水平的不断提高而不断增加，从而进一步细分了市场。这个时候生产同类产品的产业集群企业就会在空间上进行经济集聚，进而在一定程度上产生外部范围经济和规模经济，从而提升了产业集群企业的生产率，为产业集群的演进奠定基础。

三、市场需求对产业集群演进的作用

促进产业集群演进的重要外部因素之一是市场需求。市场需求的变化直接决定了产业集群演进的稳定性。一般来说，当市场需求不发生变化的时候，产业集群演进的网络是不会做出反应的，只会维持原有的状态；可是当市场需求急速增加的时候，产业集群演进的网络就会对市场变化迅速地做出反应，产业集群网络内的企业就有可能招聘更多员工，提升企业的生产能力；此时新企业随着新市场需求而诞生。如此一来，随着企业规模与数量的壮大，产业集群企业间的分工不断深化，就会形成产业集群企业间的差异化以及多样化，进而推动产业集群的演进。进一步地，分工的深化会导致企业组织机制、企业在产品链和价值链上差异化产生，制度创新也随之产生。实际上，与市场需求相关的产业集群演进的动力还有生产要素的整合。一般而言，产业集群的生产要素有，一是物质资源，二是劳动力，三是资本。这些都是产业集群企业的竞争优势来源。可以说，只有具备相当的生产要素与资源整合能力，才能把生产要素转化为竞争优势。产业集群演进的动力因素之一正好就是生产要素与资源的整合能力。对于产业集群的演进而言，生产要素与资源不同，那么不同的演进阶段其所起的作用就不同。在产业集群演进过程中，要素与资源的稀缺性会使企业向生产要素与资源丰富的地区集中，进一步地带来集聚经济，进而促进要素与资源的整合。如果产业集群进一步演进，人力资本、知识以及信息就会成为决定集群进一步演进的稀缺资源，因此，这个时候社会资本和科技创新就逐步地成为产业集群向成熟阶段演进的主要动力。因此，要素与资源整合也决定了产业集群的演进。详细地说，就是市场需求的变化决定了产业区域内竞争程度，进一步促进产业集群内专业化分工的深化，也进一步促进集群内合作网络的形成，进而直接推进产业集群演进动力因素的变化。在开始形成产业集群的时候，市场需求一般来说相对都较大，企业依靠区位因素的低成本优势就可以获得较强的竞争力，随着外在企业不断进入该市场，市场需求相对份额就开始减少。因此，企业之间的竞争就开始加剧，因此产业集群企业的区位优势就开始逐渐地减弱。这个时候面对需求量的变化，企业只能寻求分工合作，以此来获得外部范围经济和外部规模效益，并且企业也会通过集群社会网络结构，与其他企业共同承担市场需求变化带来的风险，进一步地，企业会通过技术创新网络，适应市场需求的变化，并通过技术创新拉动新的市场需求，保持产业集群企业长久的竞争力。因此，产业集群演进必然是市场需求变化下的演进动力因素演进的一个过程。

第三节　全球价值链与传统产业集群升级

在我国，大多数产业集群属于传统产业集群，主要是处于"微笑曲线"的中间环节、以低成本的劳动力优势为主的传统产业，由相互联系的中小企业以生产"利基商品"为主，进行附加值较低的简单制造。例如，浙江绍兴的纺织产业、温州的打火机产业、福建晋江的鞋业等产业集群，不仅提升了当地经济水平，在增加就业和财政收入也做出了不俗的贡献。但是，随着劳动力、原材料成本的增加与人民币的升值，我国传统产业集群的发展受阻，为扭转日益突出的国际竞争优势被大大削弱的劣势，传统产业集群需要跟上世界潮流，适应经济全球化的发展要求，摒弃低成本的发展模式，采用创新发展战略，嵌入全球价值链，实现产业升级。

一、传统产业集群升级的内涵

传统产业集群是以传统产业为主导、众多中小企业及相关机构在一定空间范围内聚集而形成的经济群，其生产技术较平稳成熟，但资源利用率和环保水平不高。此外，由于企业技术壁垒偏低，集群企业之间存在的联系多是竞争关系，很难在技术创新中建立密切的交流与合作。而传统产业集群升级主要是指集群能力和自主性不断提升的过程，是在全球价值链上的价值获取能力不断增强的过程。一般来说，传统产业集群升级有两大方向：一是从集群内寻找升级的路径，通过企业内在成长因素的提升及价值链治理来完成产业集群升级；二是通过加强与外部联系，尤其是嵌入全球价值链的方式实现产业集群的转型升级，在经济全球化的背景下，后者明显更能提升我国产业集群的绩效。

当前主流的嵌入全球价值链的产业集群升级有四种类型，即工艺流程升级、产品升级、功能升级和价值链升级。产业集群工艺流程升级主要指的是通过生产系统的重组或采用先进的技术、先进的工艺流程等方式，提高价值链内某环节效率来提高竞争力，提高生产工艺流程的综合效益，例如，增加企业产品库存周转效率，缩短供货周期，采用更高效率的生产线等；产业集群产品升级主要指的是通过引进新产品或对企业已有产品进行改进、改良，提高单位产品的附加值，提升产品的丰富度和质量，提高产品的综合竞争力以超越竞争对手；产业集群功能升级主要指的是通过对价值链增值环节进行重新组合，增加新功能或放弃低附加值功能，向产业集群高附加值环节攀升，例如，企业从生产制造环节逐渐升级到设计、品牌营销等高端环节，将低端环节转移外包给低成本的国家和地区；产业集群价值链升级主要指的是具备足够实力的企业向其他更高附加值的产业部门延伸或转移，通过产业交叉提升竞争力，这是企业利用从所在价值链中获得的资源能力向另一条产业链条转移的升级方式。

二、传统产业集群发展面临的困境

总体上看，我国传统产业集群技术水平偏低，同时面临着能源、原材料、土地、水等制约"瓶颈"凸显、国际贸易保护主义抬头、区域竞争加剧、外资转移、边缘化迹象显露等方面的挑战，主要只是以低成本战略获取市场竞争优势，并不创新产品种类或改进生产工艺，只盲目压低工资，造成了群内企业产品同质性高的现象，进一步加剧企业间的竞争。具体分析，传统产业集群发展面临着以下几方面的困境：

（1）传统产业集群的企业规模偏小，技术水平不高。当然，群内逐渐有部分规模以及影响力较大的企业主导集群发展，数量也不断增多，实力逐渐增强。例如，温州乐清低压电器产业集群中，有些企业，在高速增长的绩效中引领着集群的发展方向，但该产业集群的运营模式存在不足之处，其普遍采取"专业市场＋家庭工厂"运营模式，虽然这种模式可很好地在群内传递产品的销售渠道、交易信息、技术信息，且随着集群的成长，形成与集群的关联互动，但这种以中小企业、家庭作坊为主的传统产业集群经营模式，决定了集群内企业较小的规模与较低的技术水平，集群内缺乏具有较好国际品牌的企业与产品，国际知名度、美誉度、影响力远远不够。

（2）传统产业集群的低成本竞争优势逐渐消失。以劳动密集型产业为主的传统产业集群的发展主要依赖价格优势，且由于产业集聚的外部效应，弥补了企业规模效益的不足，使传统产业能形成合力，并得以迅速发展。但随着资源逐步稀缺、劳动力成本上升以及环保因素的制约，产业的低成本竞争优势难以发挥。此外，随着西部大开发的发展以及中部的崛起，传统产业因进入门槛低，中西部地区利用其资源优势、土地优势、劳动成本优势与政策优势，传统产业集群得以快速发展，使得东部沿海地区在传统产业集群的价格优势逐步消失的同时，传统产业逐步向中西部转移，进一步阻碍了区域传统产业低成本优势的发挥。

（3）传统产业集群内企业竞争过度，降低了企业绩效。传统产业集群多为中小企业在同一产业内集聚，具有数量多、竞争激烈的特征，结合中小规模对产品研发的制约，群内企业主要通过压低产品价格获取竞争优势，导致集群企业内的销售毛利率变低，若失去了优惠政策的支持，如传统产业集群的工业企业用地有政府补贴，企业的绩效更加低。对于小企业来说，其微弱的价格优势更是来之不易，很多小企业只能借用企业内部住房、压榨劳动者工资与福利甚至开采零成本的环境资源来维持，在资源稀缺、劳动力成本上升的形势下，不少传统产业只能亏本运行。

（4）传统产业集群技术缺乏创新动力，产业集群升级受阻。在低价竞争中，群内企业税后利润偏低，更关注短期收益的群内管理决策层没有动机开发风险不确定的创新，导致技术研发滞后；产业集群内的技术溢出效应极为明显，技术与商业信息保密性不高，容易泄露，知识产权和专利制度得不到有效保护。此外，由于群内企业数量庞大，竞争激烈，难以形成企业联盟或技术合作，技术研发成为传统产业集群内一项高风险投资，创新成本收益不对等，群内企业更倾向于模仿而非创新来获得先进的知识与技术，"搭便车"现象泛滥。当前，国内传统产业集群处于初级阶段，即使群内企业不断进行技术创新，但缺乏企业与企业、企业与其他机构的互动，只靠自身有限的创新能力，导致在创新过程中不能充分利用集群的创新资源，也不利于那些具有较强技术创新能力企业的知识、信息扩散到集群内部其他企业，影响其他企业的技术创新能力提高，从而出现集群整体的技术创新能力低下，导致产业结构难以升级。

三、全球价值链视角下的传统产业集群升级

在全球价值链视角下，传统产业集群升级的动力主要包括：一是在传统产业集群中不乏"拥挤效应"，容易导致生产要素价格上涨，区域经济的规模经济与范围经济有明显的正面效应，要求群内企业不断发展、改善来适应"拥挤"的产业集群，而当规模经过适度调整后，集群控制利用的资源达到收益与代价比最佳状态，表明产业集群的适度规模效应的发挥与融入全球产业链的层状有必然的联系，这无疑为管理决策层对传统产业集群升级的必要性提供更有力的依据。二是传统产业集群发展的路径依赖效应使得生产类似产品的传统产业集群沿着同一技术路径发展，形成技术和制度锁定，功能性锁定、认知锁定以及政治锁定随之而来，其所带来的负效应在自我积累与自我强化体系下容易导致集群低效率的发展后果。三是经济全球产业转移的新趋势对地方产业集群的发展存在显著的指引作用，随着持续升级的生产技术，不断细化的生产制造流程，生产环节的可分离性在逐步加强，生产制造国际化分工也更为深入。

从生命周期角度分析，传统产业集群经历着"产生—成长—稳定—衰退"的发展阶段，其主要通过两种动力得以升级：其一是基于静态的区域内分工专业化的自增强；其二是基于动态的知识互动的创新动力。首先，传统产业集群产生并迅速成长的基本动力是分工专业化的自增强。传统产业集群的典型特征是，以传统产业为主导，内部结构上呈现出一个或几个大企业处于中心地位，而大量小企业与之配套合作的大量中小企业分工合作的"马歇尔式集群"结构。由于内部结构所形成的分工专业化的经济效率，这种传统产业集群能够兴起并保持长久的竞争力。基于分工专业化产生的产业集群也同样具备了渐进累积和自我增强的演进能力。因而，传统产业集群能够在相当长时期内保持较高的竞争力。其次，传统产业集群达到稳定并延续生命周期的基本动力是基于知识互动的创新。再转到产业集群的衰退而言，产业集群的衰退可能由于多种原因，既可能来源于产业结构单一的内部结构性风险，也可能来源于要素环境变化的外部风险。但是不管怎样，演化动力机制缺失的系统风险是最为根本的因素。产业集群进入到成熟发展阶段的时

候，产业集群的静态的外部经济利益将会不断被削弱，这个时候产业集群的发展动力则依赖于动态的创新网络来支持。因此，衰退期的集群发生衰退的主要原因是，缺乏知识互动的创新。具体地，表现为过度依赖本地化网络形成的三个锁定：一是功能性锁定；二是认知性锁定；三是政治性锁定。这些锁定效应会削弱产业集群企业到网络外部获取新信息的动机，形成高度趋近且同质的群体性思维，进一步地维持本地区特殊的生产使命与功能定位，故而缺乏适时调整生产方式的能力。因而，增强创新能力就显得很重要，它既是降低产业集群结构性风险与外部环境风险的重要手段，也是延续传统产业集群生命的重要途径。

第三章

全球价值链视角下中山市产业集群发展状况

第一节　中山市经济社会发展概况

一、中山市行政区划变迁

中山古称"香山"，地多神仙花卉，故曰香山。辛亥革命后属广东省，1925年4月15日为纪念孙中山先生改名为中山县。1949年后，先后属珠江、粤中、佛山地区。1953年3月12日内务部批准设立石岐市（省辖市），以中山县石岐镇的行政区域为其行政区域。1959年3月20日国务院批准撤销石岐市，将原石岐市的行政区域全部划归中山县。1983年12月22日，经国务院批准，中山县撤县改市（县级），由佛山市代管，结束了8个多世纪的农业县历史。1988年1月7日，升为地级市。1990年3月，国家科学技术委员会、广东省人民政府和中山市人民政府在中山港附近共同创办了中山火炬高技术产业开发区。翌年3月，中山火炬高技术产业开发区被国务院批准为首批国家级高新技术产业开发区，成为实施国家火炬计划的重要基地，是国家体改委和国家科委确定的全国5个综合改革试点开发区之一。

中山市位于珠江三角洲中部偏南的西、北江下游出海处，北接广州市番禺区和佛山市顺德区，西邻江门市区、新会区和珠海市斗门区，东南连珠海市，东隔珠江口伶仃洋与深圳市和香港特别行政区相望。目前，中山市是我国少数几个不设市辖区的地级市之一。中山下辖1个国家级火炬高技术产业开发区（副厅级）、1个翠亨新区（不定行政级别）、5个街道办事处、18个镇①，总面积1800平方公里，常住人口314万，旅居世界各地海外华侨和港澳台同胞80多万人。

二、中山市经济发展概况

作为珠三角西岸一个重要的城市，中山利用毗邻香港的地缘优势和"侨乡"优势，社会经济得到了迅速的发展，产业集群也取得了骄人的成绩，成为全国产业集群的示范区和排头兵。连续多年，中山保持广东省第5的经济总量，与顺德、南海、东莞一起称为"广东四小虎"。作为广东经济的先发区，中山在经济、社会等多个方面都取得了巨大的成就，成为我国市场体系最为完备的地区之一。

2008年年底，国务院批复并同意了《珠三角地区改革发展规划纲要（2008~2020）》（以下简称《规划纲要》），将珠三角分成广佛肇（广州、佛山、肇庆）、深莞惠（深圳、东莞、惠州）、珠中江（珠海、中山、江门）三个经济圈，以圈内中心城市带动发展，各个经济圈形成竞争，促进资源整合，推动珠三角一体化进程。《规划纲要》的出台使珠三角的发展有了新的动力，也迈入了一个新的阶段。中山市将在新的发展阶段中，进行区域合作和发展，进行区域产业集群升级，迈向新的发展篇章。

中山与佛山、珠海、江门、肇庆等地区相连，经过30多年的飞速发展，区域经济工业化、城市化水平迅速提升，基础设施大幅改善，五市的GDP合计占广东省GDP的1/4。经济总量的增加带动中山GDP的逐年增长，每年同比增长率均超过10%。表3.1汇总了2000~2013年中山市GDP发展情况。统计显示，在长达10多年的经济发展中，中山市经济总量接近三番，并保持着两位数的增长速度，可谓是发展的奇迹。同时，人们的收入水平也在不断提高，常住人均GDP的变化情况见表3.2。

---

① 由于翠亨新区设立时间不长，统计数据缺乏，故在以下的论述中如不做特别说明，将按照24镇区进行阐述。

表 3.1 　　　　　　　 2000～2013 年中山 GDP 变化情况

年份	GDP（亿元）	GDP 增长率（%）
2000	345.4	12.37
2001	404.4	16.96
2002	469.7	17.84
2003	572.1	19.75
2004	704.3	21.54
2005	885.7	20.93
2006	1053.6	17.34
2007	1268.0	16.61
2008	1457.0	11.10
2009	1566.4	10.16
2010	1850.7	13.95
2011	2193.2	13.14
2012	2441.0	11.05
2013	2638.9	10.0

资料来源：中山市统计信息网：http://www.zsstats.gov.cn/tjzl/tjnj/。

表 3.2 　　　　　　 2000～2013 年中山常住人口人均 GDP 变化情况

年份	常住人口人均 GDP（元）	常住人口人均 GDP 增长率（%）
2000	15077	5.40
2001	17035	12.88
2002	19636	16.94
2003	23731	18.83
2004	29060	20.90
2005	36435	20.56
2006	42286	14.48
2007	48441	10.99
2008	52921	5.63
2009	54156	4.86
2010	60797	8.27
2011	70014	9.94
2012	77527	10.48
2013	83393	9.4

资料来源：中山市统计信息网：http://www.zsstats.gov.cn/tjzl/tjnj/。

三、中山市产业结构状况

2000 年以来，中山地区整体的产业结构变化明显。第一产业比重总体呈逐年下降趋势，从 2000 年的 6.81% 降到 2013 年的 2.5%。第二产业比重在 2000 年到 2004 年持续增长，从 52.35% 上升到 61.57%，2004 年后整体呈下降态势。与第二产业形成鲜明对照的是，第三产业比重从 2000 年到 2004 年逐年下降，之后呈曲折上升趋势，见表 3.3。2000 年以来，中山地区工业增加值逐年递增，增长速度呈整体下降态势，具体见表 3.4。

表 3.3 　　　　　　2000～2013 年中山地区生产总值构成 　　　　　　单位：%

年份	地区生产总值	第一产业	第二产业	第三产业
2000	100	6.81	52.35	40.84
2001	100	5.97	54.67	39.37
2002	100	5.35	56.44	38.21
2003	100	4.53	59.92	35.55
2004	100	4.13	61.57	34.30
2005	100	3.47	60.90	35.63
2006	100	3.25	60.61	36.14
2007	100	2.97	59.43	37.61
2008	100	3.00	58.40	38.60
2009	100	2.89	57.74	39.37
2010	100	2.74	58.04	39.22
2011	100	2.66	55.77	41.56
2012	100	2.55	55.45	42.00
2013	100	2.5	55.5	42.0

资料来源：中山市统计信息网：http://www.zsstats.gov.cn/tjzl/tjnj/。

表 3.4 　　　2000～2013 年中山地区工业生产总值增加值及增长速度

年份	工业增加值（亿元）	增长速度（%）
2000	168.09	14.29
2001	203.56	21.57
2002	245.15	23.68

续表

年份	工业增加值（亿元）	增长速度（%）
2003	320.30	27.19
2004	408.50	26.54
2005	510.86	19.79
2006	606.50	17.67
2007	718.41	14.73
2008	812.13	10.07
2009	859.61	8.96
2010	1022.01	16.30
2011	1164.62	14.20
2012	1291.41	14.51
2013	1404.17	11.6

资料来源：中山市统计信息网：http://www.zsstats.gov.cn/tjzl/tjnj/。

人均收入的增长带来就业的增长，三次产业的就业结构发生了很大的变化。中山市第一、第二、第三产业的就业结构比例 2000 年为1∶7.7∶6.0；2004 年为 1∶14.9∶8.3；2013 年为 1∶22.2∶16.8。三次产业就业结构的变化与城市的分工深化密切相关。

第二节 中山市产业集群的形成机理和特征

一、中山市产业集群发展概况

产业集群属于区域经济范畴，是在一个区域内以专业镇或工业园区为主要组织形式发展而成的。中山市的产业集群是伴随着广东经济特别是珠三角经济高速增长，在经济一体化过程中出现的重要经济现象。自改革开放以来，特别是通过实施"工业立市"和"工业强市"战略，致力于走新型工业化道路，中山市的产业集群发展迅速。通过加快工业园区建设步伐，积极扶持区域特色经济，调整优化产业结构，突出抓好名牌战略和技术创新，中山市逐步形成了电子信息制造业、纺织服装业、电气机械业、化学制品业、金属制品业等五大优势行业。区域特色经济规模扩大，产品质量提高，竞争优势明显增强，沙溪服装、小榄五金、古镇灯饰、大涌红木家具、黄圃食品、南头空调、火炬区电子信息及包装印刷、医药等产业继续保持良好发展势头①。

截至目前，中山市形成了纺织服装、包装印刷、电子、健康医药、五金制品、灯饰、家具、家电、食品等产业集群基地，拥有省级技术创新专业镇16 个，且 14 个为工业型专业镇，拥有 35 个国家级产业基地。2013 年，专业镇生产总值占全市的比重达 72%、贡献税收达 65%，省市级工程技术研发机构和研发人员数量、研发经费投入、专利申请和授权等方面均占全市总量的八成以上②，涌现出一批市场占有率较高的特色产业集群。尤其是沙溪的休闲服装、小榄的五金制品、古镇的灯饰照明、黄圃的食品、南头的家用电器和大涌的红木家具等，较具规模和示范效应。"一镇一品"特色经济和产业集群已成为中山市工业经济中最具有活力的亮点。

产业集群的发展是中山市在长期经济发展中形成的，反过来，也大大促进了中山的经济发展，并形成了一大批名牌名标企业。据统计，截至 2015年 3 月 10 日，中山有效期内的广东省名牌产品（工业类）共有 180 个，全省有效期内的广东省名牌产品（工业类）共有 1762 个，中山的名牌产品数占全省总数的 10.2%，全省排名第四。随着制造业转型升级压力越来越大，中山不少在国内外市场拥有较高的知名度和市场份额的特色产业，比如古镇灯饰、大涌红木家具、小榄五金等，已开始尝试跨行业合作、产业联盟等创新发展模式③。

二、中山市产业集群分布解析

中山市超过 2/3 的镇区形成了具备一定生产规模和水平的产业集群，其中规模较大、水平较高、产业配套较完善、有一定知名度的有 13 个，分布在各镇区，涉及电子信息、包装印刷、医药、音响、五金、灯饰、服装、家

---

① 中山市政府网站：http://www.zs.gov.cn/main/inv/content/index.action? id = 118。
② 顾大炜、罗丽娟：《中山争当全省新型专业镇开路先锋》，载于《南方日报》2014 - 11 - 14。
③ 杜丹丹：《"中山美居"年产值近 1800 亿》，载于《中山日报》，2015 - 3 - 10。

具、食品、家电等行业。中山市产业集群的行业分布和地区分布如表 3.5 和表 3.6 所示。

表 3.5   **2013 年产业集群（专业镇）行业分布**

产业	专业镇名称	集群数（个）	工业总产值（亿元）	占制造业产业集群工业总产值的比重（%）
农副食品加工业	黄圃（广东省农产品深加工专业镇技术创新试点）	1	351.4	9.04
纺织服装、鞋、帽制造业	沙溪（休闲服装）	3	176.1	4.52
	大涌（牛仔纺织服装）		102.7	2.64
	三角（纺织）		282	7.25
家具制造业	大涌（红木家具）	4	102.7	2.64
	板芙（美式家具）		162.8	4.19
	东升（办公家具）		333.2	8.57
	三乡（古典家具）		122	3.14
化学原料及化学制品制造业	阜沙（精细化工）	1	111.6	2.87
医药制造业	开发区（健康基地）	1	275	7.07
金属制品业	小榄（五金制品）	1	575.6	14.80
设备制造业	港口（游戏游艺）	1	119	3.06
电器机械及器材制造业	黄圃（家电配套创新专业镇）	4	351.4	9.04
	古镇（灯饰）		190.4	4.90
	南头（家电）		384	9.88
	东凤（小家电）		376	9.67
其他	南朗（文化旅游）	3	240	6.17
	民众（农业）		86.7	2.23
	三角（环保）		282	7.25
合计	16（19）	19	3888.5	100

    资料来源：中山市统计局提供，表中产业集群工业总产值的数据采用各镇区的工业总产值。

表 3.6   **2013 年中山市产业集群（专业镇）地区分布**

地区	专业镇名称	集群数量（个）	工业总产值合计（亿元）	占全市产业集群工业总产值的比重（%）
开发区	健康基地	1	275	7.07
小榄镇	五金制品	1	575.6	14.80

续表

地区	专业镇名称	集群数量（个）	工业总产值合计（亿元）	占全市产业集群工业总产值的比重（%）
黄圃镇	广东省农产品深加工专业镇技术创新试点、家电配套创新专业镇	2	351.4	9.04
民众镇	农业	1	86.7	2.22
东凤镇	小家电	1	376	9.67
东升镇	办公家具	1	333.2	8.57
古镇镇	灯饰	1	190.4	4.9
沙溪镇	休闲服装	1	176.1	4.52
港口镇	游戏游艺	1	119	3.06
三角镇	环保、纺织	2	282	7.25
南头镇	家电	1	384	9.88
阜沙镇	精细化工	1	111.6	2.87
南朗镇	文化旅游	1	240	6.17
三乡镇	古典家具	1	122	3.14
板芙镇	美式家具		162.8	4.19
大涌镇	红木家具、牛仔纺织服装	2	102.7	2.64
合计	16	19	3888.5	100

资料来源：中山市统计局，表中产业集群工业总产值的数据采用各镇区的工业总产值。

从表3.5和表3.6的数据可以看出，中山市专业镇的特色产业涵盖面广，以家具、家电、服饰等传统产业为主；从区域布局上看，主要集中在小榄镇、南头镇、东凤镇等中部和北部镇区；从行业生产总值来看，电器机械及器材制造业在专业镇工业生产总值中占比近三成，位列第一，家具制造业和金属制品业位列第二、第三；从专业镇的工业生产总值来看，小榄镇、南头镇、东凤镇分别位列第一、第二、第三，所占专业镇工业生产总值的比重分别为14.80、9.88、9.67。

三、产业集群发展的动因

产业集群的形成和发展既是企业之间分工合作的结果，也受政府引导和扶持的影响。产业集群得以持续发展的动因，可以从企业自身和外部两个方面来理解。

产业集群的主体是企业，从企业自身的角度来看，产业集群发展的动因大体上有三点：第一，企业集群能够提高集群内企业的生产率，使每个企业能够在不牺牲大规模企业所缺少的柔韧性的条件下，从集群中获得益处；第二，企业集群能够提高集群内企业的持续创新能力，并日益成为创新的中心；第三，企业集群能够降低企业进入的风险，促进企业的产生与发展①。

从企业外部来看，在市场机制不完善的情况下，产业集群形成初期受政府引导和扶持的影响作用不可替代。一方面，对于初具雏形的产业，政府通过整合地方持有资源，利用区位优势组建产业基地，搭建各种技术创新、管理和培训服务平台，培育和引进各种中介服务机构，营造适应企业抱团发展的政策环境、工作环境和生活环境，促进产业集群的形成和优化。另一方面，对已经初具规模的产业集群，政府通过制定税收、贷款投资等方面优惠政策，搭建服务平台，推动技术创新和产业升级，以使产业集群更快、更好地发展。同时，地方政府也是产业集群的形成和升级的受益者。中山市政府对中山市产业集群的形成和升级发挥了关键作用，主要有以下两个方面的影响：一是较强的经济实力是产业集群升级的基础和目标之一。在中山市产业集群升级过程中，地方政府采取了建设综合公共服务平台网络，实施技术标准战略、品牌战略等一系列的激励措施，加大产业集群发展的投入力度。二是政策的激励相容是产业集群升级的动力。产业集群中的企业是理性经济人，升级的内在动力是现实经济利益；政府也是理性经济人，在追求政治利益最大化的同时，追求社会的整体经济效益。在以经济建设为中心的时代，社会经济效益的提高有利于提高政府及其代表人物的政治利益。中山市围绕重点产业建设公共服务平台、培育区域品牌，降低了企业的生产运营和创新成本，使企业的效益和社会经济发展水平提高，从而提高了政府刺激产业集群升级政策的连续性和可持续性。

四、产业集群发展历程

从时间维度来看，中山市工业发展经过新中国成立近百年以家庭手工业

---

① 吴凌芳：《企业集群形成和发展的力量：企业、政府与中介机构》，经济科学出版社2008年版。

传统为背景，近代小型工业和传统工业为主的萌芽阶段；新中国成立后初步建立全民所有制和集体所有制为主体的工业体系，以"支援农业"为方针的工业发展阶段；改革开放后多样化发展阶段和 20 世纪 90 年代后专业化、集群化发展阶段，至今已形成"一镇一品"的专业镇模式主导的发展格局①。

中山市产业集群的出现，既是对以往经济发展成果的继承，也是顺应时代发展，紧紧抓住时代脉搏以及自身优势发挥的结果②。地处东南沿海地区，适逢中国改革开放和国际第二次产业转移，不断进取、勇于开拓的中山人抓住历史机遇、乘势而上，在当时短缺经济与卖方市场的国内环境条件下，中山市民营经济逐渐发展壮大。中山市产业集群的形成大体可以追溯到 20 世纪 70 年代末 80 年代初，发展至今，一般都至少有 30 年以上的历程。发展历史最长的应属小榄镇的五金产业、黄圃镇的腊味生产，其次为沙溪镇的纺织服装产业、大涌镇的红木家具制造产业等，发展历史最短的当属南头镇的家电产业。

从产业集群演进过程看，中山市的产业集群主要经历从分散办企业到集中办企业，由集中办企业再到集中做产业等两个发展阶段。改革开放初期，乡镇企业是工业化初期的重要推动力量。随着经济和社会的不断发展，乡镇企业和城镇工业逐步向开发区、工业小区集中，构成企业群落。一批主导产业和特色产业的雏形逐渐形成，凸显出较大的比较优势和市场竞争力。

目前，中山市已经基本形成了电子信息、音响、五金、家用电器、灯饰、服装、包装印刷、食品、医药、家具、汽配等一批产业集群，按照镇区特色来划分，主要产业集群有：小榄镇的五金制品产业集群、沙溪镇的休闲服装产业集群、南头镇的家电产业集群、大涌镇的家具产业集群、古镇镇的灯饰照明产业集群。产业集群的形成和发展，对于提高全市工业竞争实力，推动经济持续、快速、健康发展，起到十分重要的作用。

近年来，中山市委、市政府通过加强公共服务体系、区域品牌、产业园区等"三大建设"，建立健全技术开发、人才培训、信息咨询、知识产权、质量检测、现代物流及电子商务等公共服务平台，以产业联盟标准、地理标志保护产品等形式打造区域品牌，建成了一批产业集聚、土地集约、管理集

---

①② 杜小刚：《中山市产业集群的形成与发展》，中山大学博士论文，2005。

成、清洁生产、节约资源的专业化产业园区，初步形成了产业链带动、创新带动、品牌带动、市场带动、服务带动、文化带动、节能减排等各具特色的集群升级模式，产业集群发展取得了明显的成效。

特别是中山市政府自 2012 年提出打造"中山美居"概念，已先后完成相关产业政策的出台、集体商标的注册、产业联盟的成立，美居产业园也在加速建设中。随着政府加大宣传力度，以及搭建行业联盟发展和"走出去"的平台，"中山美居"区域品牌的知名度有所提升，其对传统制造业转型升级的拉动作用也在逐渐显现。

五、产业集群发展特点

目前，中山市产业集群的发展已经逐渐趋于成熟，主要表现在以下几点：

（1）市场占有率高。全市注重发挥镇区传统产业优势，积极扶持促进特色产业做大做强。古镇镇素有"中国灯饰之都"称号，灯饰业产品销售占全国同行业市场份额的 60% 以上。小榄镇被称为"中国五金制品产业基地"，锁具、燃气具在国内外市场占有相当比例，华帝燃气具销售量多年保持全国第一，固力、华锋锁具已进入美国、欧洲市场多年，并有较大的市场竞争力。南头镇的家电、小榄镇的音响、东凤镇的小家电、大涌镇的红木家具和牛仔服、沙溪镇的休闲服装、黄圃镇的食品、东升镇的现代办公家具，以及火炬区的电子信息制造业、印刷包装、健康医药、汽车配件，板芙镇的玩具、皮具、家具等以外源型为主的区域经济占有较大的市场份额，发展空间广阔。

（2）聚集效应日益突出，带动区域经济发展。中山通过工业园区建设、招商引资、设立专业市场、举办博览会、实行名牌战略、技术创新等措施，积极引导各镇区培育发展具有特色的产业群，积极扶持促进特色产业做大做强，形成了一批以镇区为单元，由成百上千家同类企业汇聚而成的庞大产业集群。古镇镇①拥有灯饰及其配件工商企业上万家，有中国驰名商标、广东

---

① 古镇镇政府网站：http://www.zsguzhen.gov.cn/gzgk/n95gzgk.asp。

省名牌产品、广东省著名商标等 20 余项。2014 年灯饰业总产值达 160.8 亿元,是全国最大的灯饰专业生产、销售基地和国际公认的几大灯饰市场之一。南头镇①家电产品企业及家电配套企业 600 多家,产品几乎涵盖了所有的家电种类,家电产业产值占全镇工业总产值的 80% 以上,形成了以空调、电视、冰箱等大家电为龙头,小家电门类齐全,零配件配套完善的区域特色产业优势,家电产业链完善,拥有长虹、TCL 空调、奥马电器、樱雪厨卫、松德机械等行业龙头企业。沙溪镇②休闲服装产业集群效应强大,产业体系健全,建有 6000 多亩的服装工业园区,拥有约 2000 家服装企业以及近 300 家上下游配套企业,还拥有布匹面料、机械设备、辅料、服装批发等与服装生产销售相配套的专业市场及分布全国的 7000 多家服装专卖店、加盟店,从业人超过 8 万人。2013 年沙溪镇工业总产值 176 亿元中服装产业产值 120 亿元。区域经济产生的集聚效应,使中山区域产业对国内甚至国外的辐射能力逐步增强。

(3) 自主创新能力逐步增强,推动产业结构优化升级。市级层面,中山通过加快推进公共平台建设,有效改善集群内部环境,建立和完善以企业为主题的区域创新体系。全市工业自主创新能力进一步提升③,主要表现在:一是 R&D 经费占全市 GDP 的比重达 2.4%,规上工业企业与港澳台科技合作的项目经费增长超 55%;二是规上工业科技孵化器毕业的企业增长超 63%;三是大学、科研机构所办企业的个数增长超 35%;四是规上工业企业技术创新项目逾 2800 个,增幅超 22%;五是国家、省、市创新基金项目支持的覆盖面有所提升,受益企业近百个,增幅超一成。全市工程中心建设成效明显,数量增长了一倍多;经费收入增幅明显,接近 80%;专利申请接近 1400 项,增长了 1.1 倍;专利授权接近 1100 项,增幅近 90%;依托单位产值超 570 亿元,增长近 80%。受此拉动和促进,全市开展研究与试验发展创新(R&D)活动的规上工业企业明显增多,增幅达两位数,占比超 13%。另外,全市规上工业 R&D 项目 2393 个,其中大型企业项目占比

---

① 南头镇政府网站:http://www.nantou.gov.cn/main/about/menuview/index.action? did = 176&id = 1379。

② 沙溪镇政府网站:http://www.shaxi.gov.cn/Home/Templategen/article? id = 20575。

③ 谭华健:《新型专业镇剑指 3000 亿元》,载于《中山日报》,2015 - 4 - 14。

超31%。镇区层面，作为中国小家电专业镇的东凤镇注重建设科技创新平台，成立拥有国际先进软件技术的小家电技术中心，专门为小家电企业提供控制芯片以及软件设计和样板扩展；东凤镇筹建企业信息服务中心，加强企业信息化管理，提供企业资源计划设计、供应链管理、客户关系管理、办公自动化软件系统和管理咨询、培训等服务。作为广东省专业镇技术创新试点东升镇以发展办公家具、日用制品等行业为主，已成为全球最大的婴童用品制造基地和全国办公家具生产最集中的镇。

（4）产业链快速延伸，产业配套能力明显提高。在区域经济发展的推动下，产业链条得到快速延伸。通过产业链的完善，是集群从以往的产品制造为主延伸到产品设计、生产、销售、服务的全过程。南头镇的家电、东凤镇的小家电、古镇镇的灯饰、小榄镇的燃气具和锁具等区域经济带动五金制品行业及各类零部件生产的分工和聚集，形成较长的产业链条。大涌镇红木家具行业带动木材加工、石材加工、地板装饰、油漆涂料和五金铰链行业发展。沙溪镇休闲服装业带动发展纺织业的化纤、棉纱、织布、染整、印花、水洗、织唛、纽扣及机械配件制造。黄圃镇食品制造业以广式腊味为龙头，带动发展酱油、味料、酒类、肠衣加工行业及农业种养业。

（5）标准品牌双驱动，产业竞争力显著增强。产业集群实施"联盟标准"后，企业通过贯彻实施标准，将标准化渗透到生产的各个环节，避免了不合格产品进入下一道工序后造成的能源、材料的浪费，规范了企业生产，促进了产业技术进步和节能降耗。从1999年开始，中山举办了一系列以区域特色经济为主要内容的大型会展，在古镇镇举办的中国国际灯饰博览会、在沙溪镇举办的国际休闲服装节暨中国休闲服装博览会、在小榄镇举办的中国轻工业产品博览会、在火炬开发区举办的中国（中山）国际电子信息产品博览会、在黄圃镇举办的中国国际食品工业经贸洽谈会等，成为国内各行业较有影响的品牌展会，为各企业间加强交流与合作提供平台，受到与会业界的普遍认同，获得国内外媒体的高度评价。各类会展的成功举办，有效扩大中山区域特色经济产业的影响，加速产业聚集，提升中山产品的知名度。

第三节 中山市产业集群发展经济绩效

一、中山市产业集群的经济总量

2013 年，中山市实现生产总值 2638.9 亿元，比上年增长 10%。人均生产总值 8.34 万元，增长 9.4%。工业增加值 1404.2 亿元，增长 11.6%。服务业增加值 1108.4 亿元，增长 9%。公共财政预算收入 225.3 亿元，增长 11.6%。固定资产投资 962.9 亿元，增长 15.2%。社会消费品零售总额 890.6 亿元，增长 10.4%。出口总值 264.8 亿美元，增长 7.5%。实际利用外资 6.46 亿美元。开拓新兴市场取得突破。实施《珠三角规划纲要》成效明显，全部考评指标完成省的任务，其中 5 项指标位居全省前列。成功举办海峡两岸中山论坛、粤澳合作联席会议，粤港澳合作考核位居全省第三。

2013 年，中山市全年实现工业总值 8984.76 亿元，规模以上工业总值 8235.95 亿元，规模以上企业工业产值占工业总产值中的 91.67%。中山市全年实现工业增加值 1404.17 亿元，比上年增长 11.6%；规模以上工业增加值 1257.02 亿元，增长 10.2%；工业入库税收 249.78 亿元，增长 12.6%。中山市规模以上工业增加值 1257.02 亿元，比上年增长 10.2%，总量在珠三角地区 9 市中排名第六位，增速排名第七位，增速高于全省平均水平（8.7%）1.5 个百分点；实现利税总额 421.32 亿元，增长 16%，其中净利润总额 252.51 亿元，增长 15.8%。占全市规模以上工业 34.83% 的大型企业实现增加值 437.83 亿元，比上年增长 16.1%，增速比全市平均水平（10.2%）高 5.9 个百分点。"新三百"（指超 10 家百亿级企业、100 家十亿级企业、10 个百亿级产业集群）工业培育企业实现销售收入 2619.35 亿元，增长 15.6%，比全市平均水平（9.9%）高 5.7 个百分点。其中，8 家百亿级企业实现销售收入 1520.9 亿元，增长 19.52%，比全市平均水平高 9.62 个百分点。近几年中山市的经济发展水平见表 3.7。

表 3.7 中山市规模企业及全市经济总量情况

年份	全市实现工业 总产值（亿元）	规模以上企业实现 工业产值（亿元）	规模以上企业工业产值在 工业总产值中的比重（％）
2013	8984.76	8235.95	91.67
2012	7580.59	6978.93	92.06
2011	6289.12	5746.84	91.38
2010	5277.08	5023.63	95.20
2009	4436.71	4057.97	91.46
2008	4091.04	3689.73	90.19
2007	3632.05	3058.03	84.20
2006	3050.19	2724.49	89.32
2005	2495.69	1507	60.38
2004	2004.4	1694.71	84.55
2003	1768.07	1529.48	86.51

资料来源：中山市档案信息网：http：//www.zsda.gov.cn/plus/view.php? aid=258555。

由表 3.7 的数据分析可以看出，从 2003 年开始，中山市的经济发展处于稳步上升阶段，这是由于在这一时期，中山市的集群产业进入成熟稳定发展的阶段，在外部表现形式上就促进了经济的快速发展。中山市近 10 年的经济发展总量中，规模以上企业（产业集群）约占到 80% 以上。

二、中山市产业集群吸纳就业能力

产业集群的发展，能够促使集群环境发生一系列的变化。首先，能够促使资金、技术、人力资源开始在集群内聚集。其次，更重要的变化在于集群分工体系的逐步形成以及大企业的成长或进入，这些大企业的形成就为产业集群地创造了更多的就业机会[1]。

2013 年年末，中山市常住人口 317.39 万人，户籍人口 154.09 万人。中山市城镇新增就业 5.08 万人，城镇失业人员实现再就业 7681 人，就业困难人员实现再就业 1349 人，年末城镇登记失业人员 8973 人，城镇登记失业率 2.25%，比上年下降 0.05 个百分点。落实高校毕业生就业政策，强化实名

---

[1]　王峥：《集群创新网络的演进》，经济科学出版社 2008 年版。

制服务，全市高校毕业生 11962 人，就业率 98.2%。加强与劳务合作城市沟通和驻外工作站管理，组织企业参加招聘会，解决用工需求 6 万人。推进创业带动就业，在民众镇建立广东省首个高校毕业生创业农业孵化基地，首批孵化创业团队 34 个。举办首届高校毕业生创业农业大赛，获奖团队 35 个。全市共建有创业孵化基地 12 个，全年孵化创业团队 164 个，建筑面积 3.8 万平方米。城乡劳动者成功创业 6167 人。

三、中山市产业集群发展促进工资水平提高

2013 年，中山市全市职工的年平均工资为 26885 元/年，比上一年增加 1929 元，涨幅达 7.73%。中山市城镇在岗职工（包括城镇非私营单位就业人员）的年平均工资为 48420 元/年，但由于 2013 年城镇在岗职工统计的人群有变化，所以不能与 2012 年的平均工资水平相比较。中山市近 10 年职工平均工资水平如表 3.8 所示。

表 3.8		2004 ~ 2013 年中山市平均工资水平		单位：元
年份	全市职工		城镇在岗职工	
	年平均工资	月平均工资	年平均工资	月平均工资
2013	26885	2240	48420	4035
2012	24956	2080	55413	4618
2011	22239	1853	48415	4034
2010	19575	1631	40578	3382
2009	16588	1382	36165	3014
2008	14885	1240	31696	2641
2007	13261	1105	25140	2095
2006	12252	1021	24953	2079
2005	11508	959	22751	1896
2004	11390	949	22350	1863

资料来源：中山统计信息网：http://www.zsstats.gov.cn/tjzl/tjnj/。

从表 3.8 中可以看出，中山市全市职工的平均工资水平一直处于上涨通道，2009 ~ 2012 年期间增长最快。统计显示，城镇在岗职工的平均工资水

平持续上升,涨幅也越来越大。从整体趋势来看,中山市职工工资水平稳步提高。

四、中山市产业集群促进城市化发展

产业集群的发展为中山市小城镇的发展探索出一条可行的道路,它推进了中山市各镇区的专业化、社会化、信息化、城市化、现代化的进程。一方面,借助乡镇工业化进程的发展带动小城镇发展;另一方面,在专业镇经济集聚效益下,推动城镇信息化、城市化、现代化建设。

在集群产业的形成过程中,生产与经营同类和相关行业产品的生产、销售企业纷纷向镇区内聚集,引发了商品流、资金流、信息流、技术流和人才流等要素的汇聚和扩散。各种生产、商业、生活要素的相对集中,进一步引发了市镇扩张延伸,推动乡村城市化[①]。

2013年,中山市作为全省宜居城乡建设试点市,坚持从农民最迫切需要改善的村内道路、排水、污水、生活垃圾收运、公园绿化、文化体育等基础设施和环境卫生条件入手,通过推进住有所居、改善人居环境、加强社会管理、完善公共服务,提高镇村的舒适性、健康性、方便性、安全性,提高人民群众的幸福感,实现全市城乡全面协调可持续发展。

全市累计有12个镇被评为广东省宜居示范城镇,38个村庄被评为广东省宜居示范村庄,64个社区被评为广东省宜居示范社区;16个镇被评为中山市宜居示范城镇,119个村庄被评为中山市宜居示范村庄。其中,2013年命名东升、神湾、横栏3个镇为中山市第四批宜居示范城镇,神湾镇外沙村等32条村为中山市第四批宜居示范村庄、东区长江三溪社区等59个社区为中山市2013年宜居示范社区。全市100%的村实现"七通"(通路、通公交、通电、通宽带、通电话、通广播电视、通自来水),实现基本公共设施城乡共建、城乡联网、城乡共用。全市乡村人人有社保,村村有农家书屋、健身场所和社区卫生站,镇镇建有图书馆、健身广场、保障房,异地务工人员也同享,基本公共服务均等化。

[①]　吴国林:《广东专业镇:中小企业集群的技术创新与生态化》,人民出版社2006年版,第142~143页。

第四节　全球价值链视角下中山市产业集群的发展困境

一、国内外资源环境障碍

（一）国际方面的冲击

我国加入 WTO 以后，对于大多数的民营企业来说，既有获得公平开放的市场机会，同时也面临着加入世贸组织带来的威胁。主要表现在以下三个方面：第一，加入世贸组织意味着更多的跨国企业带着悠久的品牌优势、雄厚的技术研发实力、丰富的资本运作经验进入中国，形成国际竞争国内化，国内竞争国际化的格局；第二，在国内市场上所有企业与外资企业平等竞争，国内企业原有的低价劳动力资源的成本优势将会逐渐消失；第三，加入世贸组织后人才的流失也会进一步加剧。

中山市的产业集群专业镇处于经济非常活跃的地区，受到的冲击力也更为明显。在全球价值链视角下来看，中山市工业整体上仍处于全球化产业链条的低端，以廉价劳动力和资源优势为核心竞争力，经营成本偏高。尤其是对一些规模小、工艺技术落后的中小企业，原料成本偏高，在品种、质量、价格等方面与国外还存在着较大的差距，加入世贸组织后，与质优价廉的进口产品相比，竞争明显处于劣势，受到的冲击力度就会更大①。

再加上大部分的代工加工生产（OEM）都是劳动密集型，靠大量的人工操作完成。前几年企业靠廉价劳动力获得了竞争优势，得到了快速发展。然而，随着近几年生活物价的普遍上涨，工人微薄的工资已经不能满足生活需要，要求增加工资的呼声不断。随着劳动合同法的贯彻实施，企业对职工养老、工伤、医疗、失业、生育等保险的投入和完善，企业劳动力成本的提高导致企业综合成本增加。

---

① 吴国林：《广东专业镇：中小企业集群的技术创新与生态化》，人民出版社 2006 年版，第178 页。

（二）国内方面的冲击

中山市的大部分中小企业仍以低劳动力成本为竞争优势的传统扩张战略，与民工择业观念转变、就业期望值提高之间的矛盾明显加深。从整体发展需求来看，中小企业仍然面临专业技术人才不足的威胁，再加上外资公司大量吸收高科技人才，也使得新一轮的人才竞争更加严峻[①]。

我国的产业集群现象在浙江、广东、福建、江苏、山东等很多省份都有分布，几乎每个省市都有发育程度不同的产业集群，其中以浙江省、广东省和江苏省最为集中。

虽然中山市的产业集群是以中小企业为基础发展起来的，将来中小企业仍将构成产业集群主体，但这并不意味着集群中的企业越小越好。实际上，中山市的产业集群绝大多数是从农村发展起来的，主要集中在与居民的日常生活用品有关的产业，这些产业对企业的规模、技术、劳动力的素质要求都不高，产业的进入壁垒低，产品多数档次不高，经营以"低质跑量"为主。中小企业既有适应全球化经济的内在优势，也有种种劣势，致使它们在新的挑战下面临重重压力。在技术方面，这些中小企业通常缺乏技术专业人员，不能支持正式的研究与开发活动，难以形成一定的品牌；在外部交流方面，通常缺乏时间和资源来研究如何使用外部的科技专家资源；在某些领域，规模经济是小企业进入的障碍。

（三）中小企业的技术困境

中山市的产业集群主要是传统的制造业集群，中小企业处于相对封闭的环境，较少参与大企业的分工体系。处于大企业分工体系之外的传统产业集群中小企业缺乏外部依靠，创新能力和动力的不足使其很少进行有效的技术创新活动。具体表现在以下几个方面：

第一，创新资源缺乏。这些资源又包括人力资源和资金资源以及信息资源的缺乏。

第二，创新收益的不确定性。技术研发投入的收益具有一定程度的不确

---

① 吴国林：《广东专业镇：中小企业集群的技术创新与生态化》，人民出版社 2006 年版，第 180～181 页。

定性，这就意味着，企业投入大量的人力、物力、财力进行技术研发往往不一定能获得收益。这种风险对于中小企业来说是致命的。

第三，创新成果外溢性。集群本身是一种信息高速流动的环境，知识和技术在集群环境内部比在外部更容易流动。集群企业在研发方面的投入，在促进企业竞争力的同时，也提高了集群内其他企业的竞争力。这种研发收益的外部性使研发投入企业的相对竞争能力下降[①]。

二、产业结构面临调整

从产业结构方面来说看，结构不合理导致了产业发展后劲不足。中山的主导产业以轻工业和加工业为主，多数为传统成熟型产业，技术含量较低，产业、产品档次低，产品开发、设计能力不强，缺乏市场竞争力。这类传统的、劳动密集型产业目前最大的问题是缺乏创新、设计人才，设备也比较落后，如果不解决技术创新的问题，很难走出仿制、组装的怪圈。

中山市的各镇区的大部分企业自主开发和自由知识产权的产品和技术比较少，主流产品与国际先进水平还存在较大的差距，主要依靠引进与仿制其他企业的技术，因此这就导致了企业自身的竞争力弱、产品结构不够优化、开拓国际市场遭遇严重阻力等一系列的问题[②]。

三、企业成本持续上升

中山市是珠三角的主要板块之一，珠三角毗邻港澳地区，以丰富和低廉的土地资源以及廉价的劳动力为特点，成为港澳地区产业转移的主要目的地。依靠大量引进外资和政策上的优惠，与港澳地区形成"前店后厂"的分工合作模式，经济得到快速发展。随着产业规模的扩大，这种资源消耗低附加值的模式难以为继，尤其是近几年资源价格的大幅上涨导致企业生产成本的持续上升，企业效益不断下降，企业发展也面临着巨大的挑战。

---

① 王峥：《集群创新网络的演进》，经济科学出版社 2008 年版，第 44 页。
② 吴国林：《广东专业镇：中小企业集群的技术创新与生态化》，人民出版社 2006 年版，第 173～174 页。

（一）土地成本上升

作为最重要的生产要素，土地在当前工业化和城市化的进程中显得举足轻重，工业用地、耕地和居住用地等各种不同用地之间的矛盾更加尖锐。而政府对建设用地的控制也愈加严格。珠三角经济区41745平方公里，人均土地面积1.39亩，分别为全省和世界平均水平的48%和3.6%，而人均土地面积仅为0.105亩，可开发土地与用地需求之间的矛盾尖锐。制造业是中山的基础，但是制造业面临成本上的困扰，土地成本上升是主要的困扰之一。

2012年，中科院发布《2012中国新型城市化报告》称，中国内地城市化率达51.3%，而广东省统计数据显示，全省城市化率约64%，珠三角城市化率超过80%。与其他城市相比，中山城市化率高企，城镇化率达87.9%，中山已经进入城市化发展加速期，从珠三角传统农业县发展成为珠江口西岸的现代化城市。对于中山城镇化率目标，《关于提高中山市城市化发展水平的意见》指出，到2015年全市城镇化率将近90%，经济发展方式转变明显，产业结构更加优化。

中山城市发展还处在快速外延发展阶段，实际许多城镇还处在"半城市化"状态。城镇化发展还面临诸多不足，主城区首位度不高、城市化根基不深、粗放型传统发展方式占主流、城乡公共基础设施差异大等。

（二）人才引进困难

中山作为珠三角地区的经济发达城市，为了吸引人才也出台了许多政策和措施。但纵观整个中山人才引进的基本现实，政策执行的效果并不尽如人意。深入分析，中山在人才引进方面存在以下四大困境：

1. 产业承载能力不足

中山现有的基本以传统产业为主。其原支柱产业如电子信息制造、纺织服装、电气机械、化工、金属制品等产业均属于传统产业，而且以劳动密集型企业为主。即使有个别企业可以归属于高新技术产业行列，但实际上也基本处于加工装配的环节。中山全市90%以上的企业为中小企业，高新技术产业规模小，人才施展才华的平台较小，难以为高层次人才提供创业和发展平台。这导致中山很难引入高层次人才，即便高层次人才来了之后，但因为找不到用武之地,最后仍然会流失。

2. 周边城市竞争激烈

中山位于珠江口西岸,北倚广州、佛山;东望深圳、东莞;南连珠海,西接江门。从地理位置上看,中山处于珠三角地区的几何中心,但从经济上、从对人才的争夺上看,中山则面临着五重夹击。近年来随着各地经济的发展,各个城市和地区人才引进和培养的力度均在加大,出台的政策具有趋同性,政策导向价值不高,在政策层面和经济层面,中山对引进高层次人才均不具优势。

3. 人才引进重点难落实

近年来,中山市大力推进"人才强市"战略,先后颁布实施了《关于进一步加强人才工作实施人才强市战略的意见》、《关于进一步加快人才引进工作的意见》和《关于鼓励留学人员和外国籍人才来中山工作的若干规定(试行)》等政策文件。从这些政策文件的着眼点看,中山主要是希望引进一些高层次人才。但中山的实际情况是,中小企业多,大型企业少;劳动密集型企业多,高新技术企业少;传统优势产业多,新兴战略性产业少。由于现实中缺乏吸引高层次人才的产业土壤,而人才引进政策又脱离产业实际,单纯追求以高层次人才为着力点,两者之间存在明显偏差,因而造成中山人才引进政策效果不明显。

4. 人才结构和专业结构分布不合理

目前,中山市专业技术人员主要集中在教育、卫生等领域,而转变经济发展方式所急需的生态、环保、新能源、农业、信息、金融、法律等专业人才严重短缺。人才主要集中在条件较好的中心城区和市属事业单位,经济落后镇区、民营企业很少。人才的地区分布、产业分布和所有制分布相差悬殊,人才的职称结构、专业结构和学历结构偏低,特别是农业技术、工程技术等人员严重不足,高层次、高科技和复合型人才稀缺。

四、中山市产业集群亟待升级

中山市产业集群升级是经济发展到一定阶段的内在要求,是市场竞争和政府引导力量作用的结果,对各地产业集群升级具有重要的借鉴意义。

1999 年以来，中山市实施"工业立市"、"工业强市"战略，坚持以发展为主题，以结构调整为主线，以改革开放和技改创新为动力，积极推进体制创新、技术创新和投资环境创新，切实抓好工业园区开发建设，大力开展招商引资和发展民营经济，着力培育产业集群，加快发展支柱产业和区域特色经济，逐步形成了以电子信息、电气机械、纺织服装、金属制品、化学制品五大支柱产业以及包装印刷、食品饮料、医药、家电等一批产业集群。全市工业竞争力显著增强，推动全市经济持续、快速、健康发展，形成了制造业为主导、民营经济和外资协调发展、产业集群与特色产业基地为载体的产业体系。

产业集群升级存在于集群生长的若干阶段中，升级可以促进集群成长，延长集群生命周期。企业集群的成长过程存在某种生命周期形态，存在一个从出生到死亡的过程。集群会由于外界和内部的力量丧失其竞争地位，走向衰败，而要保持企业集群竞争优势，延长企业集群生命周期就必然要求在集群成长的各个阶段及时进行升级[①]。

产业集群的升级类型主要包括：工艺流程升级、产品升级、功能升级和产业链条升级。随着经济全球化和国际分工化的不断深化发展，地方产业集群已逐渐纳入全球产业网络当中。研究产业集群在全球价值链内的产业升级方式，可以帮助产业集群提高自身国际竞争力，增加集群的产业附加值，使企业最终可以占据全球价值链的高端主导地位，从而充分实现产业集群在国际市场的可持续发展[②]。

第五节　全球价值链视角下中山市产业集群升级的机遇

一、珠三角的区域一体化发展

《珠江三角洲地区改革发展规划纲要（2008～2020)》（以下简称《珠三

---

① 左和平：《全球价值链视角下特色产业集群升级机理探析》，载于《财经问题研究》2010 年第 4 期，第 43～47 页。

② 智睿芝：《全球价值链视角下地方产业集群升级路径研究》，载于《中国城市经济》2010 第 11 期，第 255～257 页。

角发展纲要》)强调,必须进一步推进珠三角区域经济一体化;到 2012 年,基本实现基础设施一体化,初步实现区域经济一体化;到 2020 年,实现区域经济一体化和基本公共服务均等化。这意味着珠三角在国内发展建设中战略地位更为突出,已经上升为国家层面的议题,各方面得到国家的支持和重视。

通过促进区域一体化来促进珠三角地区的产业聚集区结构调整。首先,一体化、统一的规划设计使得珠三角地区各个城市能以自身优势错位发展产业,降低了各城市的产业同构度,城市之间形成产业互补,各自有各自的核心产业,而组合在一起又能发挥产业间相互促进推动的作用。其次,区域一体化的趋势加快了珠三角区域城市之间的要素流动,使得要素配置更为有效。城市间产业的错位发展使得不同城市需要的要素在质和量上都会有所不同,而城市本身所拥有的资源有限性使得外部要素流入成为促进发展的必要手段。最后,区域一体化对珠三角产业集群结构调整的促进作用体现在规章制度的统一上。珠三角城市之间形成互补的产业集群不仅需要要素的流通,产品服务的贸易和各种沟通合作项目也是要频繁进行的。规章制度的统一在进一步促进要素流动的同时,使得贸易沟通更为便利,有利于珠三角城市构成一体化的产业链,使得珠三角地区的产业结构更具有稳定性和竞争力。

通过区域一体化,促进整个珠三角城市的合作与发展。对于珠江东岸而言,深圳作为改革开放的先行者,甚至在其中起着核心的主导作用,比较早地意识到产业转型升级对可持续发展的重要性,也比较早地向研发设计转型,有了像华为、中兴为代表的一批高新企业。同时深圳是南方的金融中心,在私募投资机构和风险投资方面都走在前沿。东莞将整体的产业升级和转型作为近几年政府工作的核心。惠州的基础相对比较薄弱,吸收深圳、东莞等地转移过来的产业。珠江东岸城市经济发展层次不尽相同,一体化的发展方向可以使其抛开各自为政、孤立发展的思路,加强合作能使得三者互补、共同成长。

对于珠江西岸而言,区域一体化带来的合作和沟通能明确城市的定位和发展方向,打造一个相互竞争合作的区域。珠江西岸的佛山、珠海、中山和江门的同构程度非常高,各自缺乏沟通合作,一直以来都没有绝对占优势的核心城市。珠江西岸城市以会展、专业市场及专业生产的模式崛起。而区域一体化使珠江西岸各城市在沟通合作下，各自形成独特的专业市场，降低了同构度和区域内的不良竞争。同时珠江西岸城市缺乏与港澳及海外市场的联系。《珠三角发展纲要》中确定了珠海的核心城市地位。近年来，珠海一直致力于构建交通网络，加强与港澳及海外地区的联系。区域一体化的发展模式使这种便利的交通网络能为整个珠江西岸带来发展优势，扩大其影响力，把珠江西岸打造成产品的集散地，成为不同产业的专业市场。

但是从国内比较看，珠三角地区在国际市场占有率、单位 GDP 能耗、规模以上企业资产利润率等方面有一定优势，但在工业增加值率上明显落后，总体上看珠三角的转型升级在国内发达省市中处于相对领先水平。从国内比较看，珠三角大部分指标仍明显落后于"亚洲四小龙"和国际发达经济体，别再全员劳动生产率、工业增加值率、第三产业增加值比重等方面差距更大，说明珠三角在国际产业分工中仍处于产业链、价值链的中低端，高端化、高附加值化任务仍十分艰巨。

二、产业竞争力提升

（一）涉及行业和区域不断拓展，规模不断壮大

近年来，中山市产业集群发展迅速，全市超过 2/3 的镇区形成了具备一定生产规模和水平的产业集群，其中规模较大、水平较高、产业配套较完善、有一定知名度的有 13 个，分布在火炬区、小榄、古镇、沙溪、大涌、黄圃、南头、东凤等镇区，涉及电子信息、包装印刷、医药、音响、五金、灯饰、服装、家具、食品、家电等行业。以医药健康产业为例，中山健康科技创新型产业集群以国家健康基地为基础，形成以生物制药、医疗器械、医疗信息为主导，保健食品、化妆品、药包材、医药物流配套发展的健康科技产业集群格局，2013 年实现工业总产值超 500 亿元。

（二）聚集效应日益突出，辐射能力逐步增强

产业集聚使大量生产同类或配套产品企业聚集在一起，形成专业化分工、产业化协作的生产格局，有效整合了产业集群内部资源，极大提升了集

群内企业的竞争力和集群整体的影响力。古镇镇现有灯饰行业，从业人员 6 万多人，拥有建筑面积达 6.8 万平方米的灯饰广场，成为全国最大的灯饰专业生产、销售基地和国际公认的几大灯饰市场之一。南头镇成功引进我国家电龙头企业长虹和 TCL 后，家电企业从过去的 50 多家增加到 200 家，家电配套企业 350 多家。沙溪镇的制衣企业 1192 家，从业人员 6.14 万人，产值 100 多亿元。区域经济产生的集聚效应，使区域产业对国内甚至国外的辐射能力逐步增强。

（三）产业链不断延伸，产业规模迅速扩大

核心产业的集聚对上下游关联产业的迫切需求，推动了众多关联配套产业的发展，在一个地区形成较为完整的产业链条，从产品制造生产环节延伸到产品设计、生产、销售服务的全过程。南头镇的家电，东凤镇的小家电，古镇镇的灯饰，小榄镇的燃气具、锁具等区域经济带动五金制品行业及各类零部件生产的分工和聚集，形成较长的产业链条。大涌镇红木家具行业带动木材加工、石材加工、地板装饰、油漆涂料和五金铰链行业。沙溪镇休闲服装业带动纺织业的化纤、棉纱、织布、染整、印花、水洗、织唛、纽扣、机械配件制造。黄圃镇食品制造业以广式腊味为龙头，带动酱油、味料、酒类、肠衣加工行业及农业种养业。

（四）发展环境优化，创新步伐加快

产业集群由于集群内的企业相互联动，创造了一个相互学习、模仿、提高的良好环境，有利于企业的互动发展，加快了企业制度创新、技术创新和管理创新步伐。同时，由于产业的集群化发展，使政府能够集中资源，致力于公共平台建设，有效改善集群内部企业发展环境。如"中国小家电专业镇"东凤镇注重建设技术开发与创新平台，成立了拥有国际先进软件技术的小家电技术中心，专门为小家电企业提供控制芯片以及软件设计和样板扩展。为加强企业信息化管理，东凤镇还建立了企业信息服务中心，为企业提供资源计划设计、供应链管理、客户关系管理、办公自动化软件系统和管理咨询、培训等服务。

三、经济增长方式的转化

(一) 产权结构摒弃"国有私有"

中山通过突破体制性障碍,破解了发展中的老难题,建立起新型工业管理体系,各种经济成分竞相发展,公有企业、民有企业、三资企业三足鼎立,证明了国有或集体经济在产权结构上实现了重大突破。

(二) 产业发展抛开"低散粗放"

中山摒弃"低散粗放"产业发展模式的重要手段,就是实现向园区经济集中集聚发展。2001 年,中山要求企业入园进区发展,在小榄、南头等镇区推出示范园区。目前,中山已形成了绿色的"园区经济"、创新的"基地经济"、高效的"产业经济"和新兴的"服务经济"这样一个可持续发展的多元化规模经济格局。

(三) 社会结构打破"城乡二元"

为打破落后的城乡二元结构,中山实施"三个一"工程,就是让每个老百姓都拥有一份工作、一份住院医疗保险、一份社会养老保险。城市化、工业化和信息化成为改变城乡二元结构的动力。中山把这三个方面与农业的现代化、农村的城镇化、农民的文化紧密结合起来,促进了城乡联合发展以及农村富余劳动力向城镇、非农产业有序转移。

第四章

中山市主要产业集群发展状况

从中山的产业集群分布来看，主要有以下 6 个较具规模和示范效应的典型专业镇区，它们分别是古镇镇的灯饰照明行业、沙溪镇的休闲服装行业、南头镇的家电行业、黄圃镇的食品行业、大涌镇的家具行业和小榄镇的五金制品行业。

第一节　古镇镇灯饰产业集群发展状况

灯饰产业是中山市的特色产业，而古镇镇作为"中国灯饰之都"，在国内外都享有盛名。

依据 GB/T 4754－2002《国民经济行业分类》，灯饰产业涉及塑料板、管、型材的制造，金属丝绳及其制品的制造，金属表面处理及热处理加工，绝缘制品制造，变压器、整流器和电感器制造，照明器具生产专用设备制造，电光源制造，灯用电器附件及其他照明器具制造，照明灯具制造，车辆专用照明及电器信号设备装置制造，五金零售，五金、交电批发，技术检测等 13 个经济行业，为图示方便用字母编号代表，见表 4.1。

表 4.1　　　　　　　　　　灯饰产业经济行业索引

字母编号	经济行业名称
A	塑料板、管、型材的制造
B	金属丝绳及其制品的制造

字母编号	经济行业名称
C	金属表面处理及热处理加工
D	照明器具生产专用设备制造
E	变压器、整流器和电感器制造
F	绝缘制品制造
G	电光源制造
H	照明灯具制造
I	灯用电器附件及其他照明器具制造
J	车辆专用照明及电器信号设备装置制造
K	五金零售
L	五金、交电批发
M	技术检测

根据中山市组织机构代码数据库，中山市灯饰产业在全市的分布情况（截至 2015 年 1 月 1 日）见图 4.1。

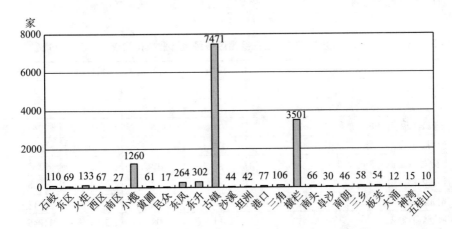

图 4.1 中山市灯饰产业组织机构区域分布

图 4.1 中，古镇、横栏、小榄从事灯饰产业机构数量明显多于其他地区，尤其是古镇，集中了一大批从事灯饰及灯饰相关产品制造的机构。

灯饰行业在中山全市的分布如图 4.2。

如图 4.2 所示，在灯饰产业涉及的 13 个经济行业中，机构数量最多的是照明灯具制造行业，有 11046 家，占 79.8%；其次是灯用电器附件及其他照明器具制造行业，有 1360 家，占 9.83%；灯饰及配件的零售批发有 831 家，占 6%；为灯饰生产服务的技术检测机构仅有 3 家。

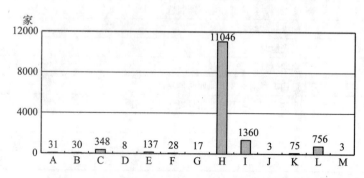

图 4.2　中山市灯饰产业各经济行业组织机构构成

按照灯饰产业涉及的 13 个经济行业划分，各经济行业在古镇、小榄、横栏等主要镇区和全市的分布见表 4.2。

表 4.2　　　中山市灯饰产业主要镇区各经济行业机构构成　　　单位：家

经济行业名称	小榄镇	古镇镇	横栏镇	中山市
塑料板、管、型材的制造	8	5	1	31
金属丝绳及其制品的制造	3	0	0	30
金属表面处理及热处理加工	76	36	18	348
照明器具生产专用设备制造	4	2	0	8
变压器、整流器和电感器制造	19	12	9	137
绝缘制品制造	4	2	4	28
电光源制造	0	5	2	17
照明灯具制造	1014	6008	3164	11046
灯用电器附件及其他照明器具制造	91	911	264	1360
车辆专用照明及电器信号设备装置制造	1	0	0	3
五金零售	4	6	0	75
五金、交电批发	35	483	39	756
技术检测	1	1	0	3
合计	1260	7471	3501	13842

一、古镇镇发展概况

古镇镇位于广东省中山市西北边缘，是中山、江门、佛山三市的交汇处，为珠江三角洲的交通枢纽之一，距广州 80 多公里，乘船到港澳地区约 75 分钟。全镇总面积 47.8 平方公里，由古镇、曹步、海州三大自然村组成，下辖 12 个行政村、1 个居委会，常住人口 15 万。

改革开放以来，古镇镇按照"工业立镇，工农商并举"的经济发展方针，逐步从单一的农业经济镇转变为以工业为主，以灯饰、花卉苗木两大产业为支柱，"灯饰电器千万种，花卉苗木全国种"是其真实写照。古镇全力培育和集聚发展灯饰产业，成为享誉全球的"中国灯饰之都"，民用灯饰销量占全国六成以上，是世界四大灯饰专业市场之一，产品出口 130 多个国家和地区。2013 年，古镇镇拥有规模以上灯饰企业 88 家，大型灯饰配件市场 5 个，灯饰从业人员约 10 万人，年灯饰交易额达 400 亿元①。古镇先后获得"广东省产业集群转型升级示范区"、"广东省灯饰产业集群版权兴业示范基地"等称号。据广东省经信部门统计资料显示，目前以古镇为中心，已形成覆盖周边三市 11 镇区、年销售超千元的灯饰产业集群，是目前广东已形成的 300 多个产业集群中的一朵艳丽奇葩。

二、古镇镇灯饰产业集群发展历程

从 1982 年发展至今，经过地方政府的积极引导和扶持，古镇镇逐步发展成为国内最大的灯饰专业生产基地和批发市场。古镇灯饰产业集群发展大约经历四个阶段：

1. 雏形阶段（1982～1986 年）

改革开放初，随着国内市场的开放，灯饰作为日用消费品需求旺盛。1982 年秋，具有商业头脑的古镇海州村人从香港买了几盏灯带回大陆，发现灯饰业投资少、见效快、效益好，于是开始组织人员进行简单的生产。当

---

① 中山档案信息网：http://www.zsda.gov.cn/plus/view.php? aid = 374519。

时企业数量和从业人员很少，企业产值不高但存在良好的发展势头，增长率高。镇政府也大力鼓励、引导和扶持农民投资灯饰产业发家致富，并以村集体名义为民营企业贷款，为创业的农民给予一定程度的支持。体制的变革，使劳动者获得较大的自主经营权，大量农民能自由投入到工商活动中去，极大激发了群众的创新积极性。在这一时期，全国的灯饰中心在浙江宁波和温州等地，古镇灯饰产业工艺相对简单，以手工制作为主，经营以家庭作坊式企业为主，从南海、顺德等地购进电线、弯管、灯泡等配件，进行简单的组装生产灯饰成品直接销售，经营相对零散，尚未形成明显的产业链。

2. 成长阶段（1987～1995 年）

20 世纪 80 年代末期，国内的经济飞速发展，全国进行了住房制度的改革，房地产、基础建设呈现高温态势，人们改善生活质量的装修热潮兴起，对灯具等的需求巨大，吸引了大量资金投入，促进更大规模的灯饰业的发展。90 年代初，在政府政策的扶持与引导下，古镇人形成创业的高潮，企业数量不断增多，300 多家灯饰企业汇集在古镇，逐步在镇中心形成"产、供、销"一条龙的灯饰街，虽比浙江一带灯饰城滞后，但毕竟有了并列竞争的基础，并开始了此后近 10 年广东与江浙灯饰业界的"华山论剑"。随着后来产品品种不断增多，款式更加新颖，得到业界专业人士的认可，逐步在行业内取得了绝对领先的地位。古镇灯饰产业渐渐形成一定规模并呈快速增长态势，骨干企业逐步摆脱小作坊式生产，自购注塑造模设备、五金冲压注塑机械等进行模仿制造，生产技术在模仿中得到提升，组织形式不断完善，产业链条初步形成，但还未形成产业集群式发展。镇政府提出"工业立镇、农工商并举、实现城乡一体"的发展战略，并设立质监办、科技办等机构为企业提供服务。

3. 腾飞阶段（1996～2007 年）

1996 年之前，古镇经济有花卉苗木种植业、塑料制品加工业和灯饰产业三大产业。1996 年，古镇镇政府决定把灯饰产业作为未来的龙头产业。此后，政府把大量的资源用来扶持灯饰产业的发展。1999 年，古镇克服重重困难，举办了首届中国灯饰博览会（后改名为国际灯饰博览会），将古镇成功推向世界，并于 2002 年、2004 年、2005 年及 2006 年继续举办，取得了良好的经济效益和社会效益，加速了灯饰产业资金、信息、人才、物流的进一步聚集，为灯饰行业的长远发展奠定了良好的基础，造就了古镇灯饰日渐繁荣的发展局面。2000 年 1 月，广东省灯具产品质量监督检验站落户中山；2004 年 10 月，该检验站正式落户古镇；2006 年，广东省灯具产品质量监督检验站升级为国家灯具质量监督检验中心（中山）。这一时期，古镇本地集研发、生产和销售于一体的照明企业欧普照明成立；2001 年 7 月，欧普开始在中东、东南亚目标市场建立 OPPLE 自主品牌代理商。

4. 提质增效发展阶段（2008 年至今）

到 2012 年年底，全镇灯饰行业从业人员 6 万多人，形成了约 7 公里的"灯饰一条街"，共有灯饰铺位 1000 余家，见表 4.3。蓬勃发展的灯饰产业为古镇镇赢得了"中国灯饰之都"的美誉，其产品畅销全国，在全国同行业市场中的份额约 60%，还大量出口到港澳台地区、东南亚、日本、美国及欧洲各国等 99 个国家和地区，享有较高的知名度和美誉度。已形成了以古镇为中心，覆盖周边 3 市 11 镇区，年产值超千亿元的灯饰产业集群，成为世界性几大灯饰专业市场之一，是国内最大的灯饰专业生产基地和批发市场。全镇拥有中国驰名商标 2 个、中国名牌产品 2 个、广东省名牌产品 7 个、广东省著名商标 15 个。2013 年，灯饰业总产值达 142.8 亿元，占全国市场份额的 60% 以上；产品出口东南亚、日本、美国及欧洲等 130 多个国家和地区，享有较大的知名度和美誉度。

表 4.3　　　　　　　　　　　古镇灯饰产业统计数据

分类 ＼ 年份	2005	2006	2007	2008	2009	2010	2011
从业人数（人）	62300	63200	67836	76899	73406	70000	80000
企业数量（个）	2660	2724	3148	3339	3724	3600	4000
产值（亿元）	95.1	116	141	164	166	173	171

资料来源：中山年鉴：http：//www.zsda.gov.cn/plus/php_zhishu_frame.php? year = 2014；沈孟康. 中山市古镇灯饰产业集群发展现状及对策 [J].《科技和产业》，2013（2）：23 - 26。

经过长期的发展，古镇形成了一批名牌名标企业，如华艺、欧普等企业，形成了以室内装饰灯具为主，节能照明和户外灯具"横向发展"，注塑、电镀、水晶制作和照明工程设计与安装等上下游产业"纵向延伸"的较为完整的产业链条，产业集群得到纵深的发展。

三、古镇镇灯饰产业集群组织机构现状

(一) 经济行业构成

从经济行业上看，截至 2015 年 1 月 1 日古镇灯饰产业组织机构中从事照明灯具制造 6008 家 (80.4%)，从事灯用电器附件及其他照明器具制造 911 家 (12.2%)，从事五金、交电批发 483 家 (6.5%)，合计占 99.1% (见图 4.3)。

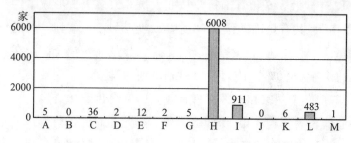

图4.3 古镇灯饰产业组织机构经济行业分布

(二) 机构类型构成

从机构类型上看，以经营性为主的企业、企业非法人和个体组织占主体。全中山市灯饰产业组织机构中，属于企业法人 4756 家、企业非法人 3246 家、个体组织 5807 家，分别占比达到 34.4%、23.5% 和 42.0%。其中古镇灯饰产业组织机构中，属于企业法人、企业非法人、个体组织分别为 1671 家、1394 家、4387 家，分别占比为 22.4%、18.7% 和 58.7%，可以看到在古镇从事灯饰产业的组织机构中，个体组织比例很高 (见图 4.4)。

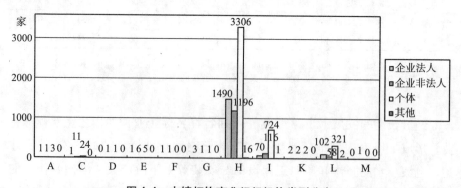

图4.4 古镇灯饰产业组织机构类型分布

从经济行业来看，从事照明灯具制造、灯用电器附件及其他照明器具制造和灯饰批发的组织机构中，属于个体组织比例较高，分别占55%、79.5%和66.5%。

（三）经济类型构成

从经济类型上看，中山市和古镇镇的组织机构中，有限责任经济、个体经济、其他经济类型的机构数量较多，中山市分别为4792家、6030家、2864家，古镇镇分别为1752家、4501家、1198家，三者之和占比分别为中山市98.9%和古镇镇的99.8%。在灯饰产业中，港、澳、台投资和国外投资经济类型比例很低（见图4.5）。

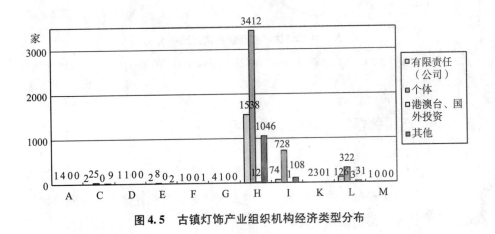

图4.5 古镇灯饰产业组织机构经济类型分布

（四）注册资金构成

从注册资金上看，古镇灯饰产业的资金主要集中在照明灯具制造行业，占整个产业投资的91.75%。古镇灯饰产业资金占全市灯饰产业资金量的34.5%，主要投资的经济行业为照明灯具制造21.45亿元，占全市38.9%；灯用电器附件及其他照明器具制造6183万元，占全市18.7%；灯饰及配件批发1.26亿元，占全市41.9%（见图4.6）。

综上所述，古镇灯饰产业组织机构中，经济行业主要是照明灯具制造行业，组织机构数为6008家，占80.4%；机构类型中属于个体组织比例很高，占58.7%；古镇灯饰产业组织机构中，港澳台投资和国外投资经济比例很低，有限责任经济、个体经济、其他经济的机构数量相加占比达99.8%。

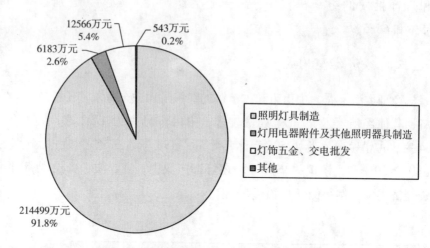

图4.6 古镇灯饰产业组织机构注册资金构成

注：由于有些企业在申请登记组织机构代码时没有准确填写注册资金数额，统计数据可能与实际有偏差。

四、古镇镇灯饰产业集群发展特点

古镇镇灯饰业发展近30年，已经成长为有规模的产业集群，作为灯饰之都，古镇以雄厚的产业基础和强劲的发展势头，在业界确立了稳固的领导地位。其产业集群的特点主要有：

（1）产业的集聚度高。从1982年发展至今，经过镇政府三十多年的引导、扶持，古镇已先后发展成为国内最大的灯饰专业生产基地和批发市场，逐步形成以古镇为中心的照明产业集群，已经辐射到附近横栏、小榄、江门江海、荷塘等3市11个镇区。灯饰产业在品牌建设、产品质量提升、市场环境建设、科技发展水平、产业配套服务体系建设等方面也取得了长足的发展。

（2）产业链配套完善。古镇灯饰产业行业集中度高，上下游分工细化、配套完善。与灯饰产业相配套的配件产业，如灯具配件、电器元件、光源、专用材料、加工设备等专门配套行业也非常成熟，专业化程度日渐提高，他们和成品组装企业分工合作，配合密切，使古镇形成专业的链条，集群内企业内部和外部的交易成本大大降低，有效降低灯饰生产的总成本，从而转换成为自身强大的竞争优势。

（3）产品更新速度快。古镇灯饰产业在产业集群发展的同时，还培养了一批知识产权重点企业，拥有相当强的科技研发能力，因此，古镇灯饰更新迅速、产品款式新颖、品种丰富，在灯饰业界有"灯饰潮流看京沪，京沪灯饰看古镇"的说法。

五、全球价值链视角下古镇镇灯饰产业集群发展机遇及困境

对于灯饰产业来讲，新光源的出现必然成为产业升级的最大增长点，传统灯饰企业也积极应对，准备转型。据官方数据显示，截至 2012 年 6 月底，古镇灯饰照明及其相关行业共有 15465 户，其中灯饰成品生产行业 3531 户，而目前 LED 照明灯具产值约 100 亿元，占古镇灯饰产业总产值的比例已超过 46%。古镇计划到 2015 年，照明灯饰年产销值达 400 亿元，拥有完善的灯饰电子商务平台，网络年销售额占年售额 10% 以上。

中山市政府也有意引导，以古镇为中心，以古神公路将古镇镇、小榄镇、江门市、板芙镇甚至神湾镇镇区串成产业带，整合镇区资源，建成一条 LED 产业带，培育新兴产业集群。这必将为古镇的发展迎来新的发展机遇。

古镇的灯饰产业集群升级迅速发展的同时，随着成本的提高和市场竞争日益激烈，古镇在技术、资金以及人才和管理方面面临的压力越来越大，特别是成本方面的优势已不复存在，可持续发展的问题日益突显，集群产业升级面临着巨大的挑战。

1. 同质化竞争激烈，成本增加，利润减少，企业生存困难

随着集群的发展，要素价格特别是土地、水电、人工的费用上涨很快，而产品的同质化严重，激烈的价格竞争，出现"劣币"效应。灯具组装竞争的无序进行，使多数组装厂只能以拼价格为主要筹码，导致 LED 市场终端乱象丛生，部分工程商和消费者只盯着价格，光效和保修等自然忽略了。商家如同雾里看花不知真伪，品牌企业也遭遇销售渠道不畅的尴尬。从长远发展来看，政府应健全产业标准，规范产品市场，通过政府推动、行业协会组织、企业为主体的模式，共同树立本地灯饰产品形象和品牌，增强产业集群的竞争力。

2. 人才后备力量不足，产品创新乏力

创新是产业集群发展的内在动力，一个地区产业集群及其企业只有持续创新，才能获得长久的竞争优势，而古镇在创新方面正面临明显的危机。多年来当地政府积极推动体制创新和技术创新，引导本地产业集群发展与提高所在区域的竞争力有机结合起来，鼓励企业参与全球竞争，培育科研机构，但仍缺乏创新的动力源泉和充分的灯饰产业人才储备。据调查，2013 年古镇企业缺工比例为：技术人员 65%，业务人员 10%，营销管理人员 25%。灯饰企业缺设计人才，LED 光源企业缺技术人才，规模企业缺管理人才，新锐企业缺营销人才等，这些"缺"字都严重制约了古镇的传统灯饰照明企业转型升级和 LED 新兴产业的健康发展。

3. 产业集群发展的相关配套不足

古镇灯饰企业虽然已形成一定的配套关系，但仍存在专业化分工不明显、物流服务及融资渠道不畅、替代金融票据泛滥流通等问题，代收、垫付的交易惯性使本地支票出现缺口则异地支票逐渐渗透。业内人士透露：现在市面上不单有省内其他地区的银行支票，更出现了四川、湖北、重庆，甚至黑龙江等地的支票在古镇企业间流通。异地支票比例上升肯定大大增加了行业资金链风险，异地支票出事后受害人损失更难挽回。据古镇金融办统计，在镇内银行开户并使用支票的物流企业有 90 家，其中有支票运作资质的仅48 家。物流和金融的迅猛发展，要求在巩固和完善传统物流的基础上，大力发展现代物流和电子商务，包括发展连锁经营和高级批发市场。同时要全面监管融资方式和渠道，推广专用账单支付 POS 机项目，减低风险。

第二节　沙溪镇服装产业集群发展状况

近年来，中山市纺织服装业规模不断扩大、纺织服装产业链不断延伸，形成以针织、印染、服装等产业为主的行业体系，与纺织服装业相关的科技服务业、会展业、辅料业、物流业发展迅速，产业链向两端的研发、设计和物流配送、销售等延伸，产业竞争力明显提升，全市纺织服装业有省级以上名牌名标22 个，其中中国名牌 2 个，中国驰名商标 2 个。2002 年，中山市被授予中国纺织产业基地市称号。同时，积极建设创新平台，设立了中山市休闲服装工程研究开发中心，该中心已成为具国际服装设计能力和工艺精确度的计算机辅助服装设计（CAD）和计算机辅助服装生产（CAM）工作站，为休闲服装行业企业提供产业信息、技术咨询、检测认证、市场推广和人才培训等服务。

依据 GB/T 4754 - 2002《国民经济行业分类》，服装产业可划分为：纺织业、纺织服装鞋帽制造业、皮革毛皮羽毛（绒）及其制品、纺织服装皮革专用设备制造、纺织品针织品及原料批发和零售等六类，为方便用字母编号代表，对应字母编号见表 4.4。对中山市服装产业经济结构区域分布、经济行业分布、机构类型分布、经济类型分布、投资金额现状进行分析。

表 4.4   纺织服装产业经济行业索引

字母编号	经济行业名称
A	纺织业
B	纺织服装鞋帽制造业
C	纺织品、针织品及原料的批发
D	纺织品、针织品及原料的零售
E	皮革、毛皮、羽毛（绒）及其制品
F	纺织、服装和皮革工业专用设备制造

中山市各镇区 2014 年纺织服装经济行业组织机构数量情况见图 4.7。全市共有 12042 家组织机构，主要集中分布在沙溪镇 2579 家（21.42%）、大涌镇 919 家（7.63%）、小榄镇 1884 家（15.65%）、三乡镇 1154 家（9.58%），4 个镇区占据了整个区域的 54.28%，见表 4.5。

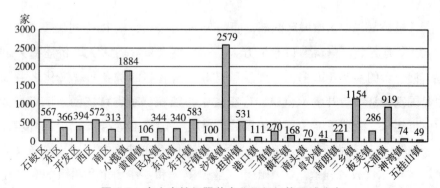

图 4.7　中山市纺织服装产业组织机构区域分布

表4.5 　　　　　　　　中山市纺织服装行业组织机构数量情况 　　　　　　单位：家

各经济行业名称	小榄镇	沙溪镇	三乡镇	大涌镇	全市
纺织业	281	159	124	51	1661
纺织服装鞋帽制造业	981	1355	448	666	5173
皮革、毛皮、羽毛（绒）及其制品	198	22	243	4	1126
纺织、服装和皮革工业专用设备制造	8	4	9	1	48
纺织品、针织品及原料的批发	62	404	82	30	971
纺织品、针织品及原料的零售	354	635	248	167	3063
合计	1884	2579	1154	919	12042

　　从经济行业上看，主要是纺织业 1661 家（13.79%）、纺织服装鞋帽制造 5173 家（43.96%）、皮革毛皮羽毛（绒）及其制品 1126 家（9.35%）、纺织品针织品及原料的零售 3063 家（25.44%）等几个领域，共计 92.54%（见图4.8）。

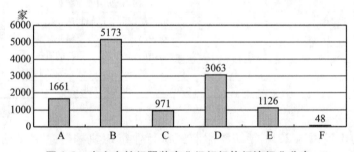

图4.8　中山市纺织服装产业组织机构经济行业分布

一、沙溪镇发展概况

　　沙溪镇紧邻中山市城区西部，面积 55 平方公里，辖 15 个村民委员会和 1 个居民委员会。户籍人口 6.1 万人，非户籍人口 8 万多人，侨居海外和港、澳、台的乡亲 8 万多人。沙溪镇是珠三角著名的侨乡和"文化之乡"，也是国家经济综合开发示范镇、广东省中心镇和广东省科技创新试点专业镇。近年来，荣获了"中国休闲服装名镇"、"国家卫生镇"、"全国环境优美乡镇"、"全国民间艺术之乡"、"全国群众体育先进单位"、"广东省文明镇"、"广东省教育强镇"、"中山市工业强镇"和"中山市文明镇"和"中山市经济强镇"等多项殊荣。

沙溪镇经济以工业为主，服装业是经济发展的支柱产业。2010 年，沙溪镇工业总产值达到 222.2 亿元，休闲服装产业产值达到 172 亿元，占全国同类产品的 3.4%。比上年同比增加了 26%，增加值 32.5 亿元。休闲服装产业产销量达到 40000 万件，销售值 168.3 亿元。规模以上企业 162 家，配套企业 321 家，集群内企业总数 2361 家，休闲服装产业生产企业数 2094 家。

沙溪是中国重要的休闲服装生产基地。在服装界素有"休闲服装看沙溪"的美誉。沙溪镇拥有多名国家级的服装设计师，服装自有品牌 70 多个，其中，全镇共有国家免检产品 3 个、广东省名牌产品 9 个、广东省著名商标 7 个。同时，还为国内外一批著名的休闲服装品牌提供加工生产服务。沙溪分布在国内的加盟店、专卖店 5300 多家，在国内的市场占有率约占 7%。沙溪休闲服装生产形成产业集群效应，有 6000 多亩的服装工业区；有 200 多家与制衣相关的纺织、漂染、印花、水洗、织唛、纽扣、机械配件等配套企业；有与服装生产销售相配套的布匹面料市场、制衣机械市场、辅料市场、布碎市场等专业市场。沙溪是"中国休闲服装博览会"的举办地。每年一度的"中国休闲服装博览会"（CHCW）已成功举办了 8 届，被评为中国服装界最有影响的十大服装博览会之一。

服装业是沙溪镇经济发展的支柱产业。沙溪镇作为中山市纺织服装重镇，服装生产具有明显的区域特色。现已基本形成以纺织、整染、电脑机绣的制衣服装生产、制衣原辅物料、设备、服装销售相配套的、趋于完善的服装工业格局，服装企业在市、镇两级政府的大力支持和引导下稳步发展，实现了纺织服装销售总额超过 60 亿元，出口创汇 1 亿多美元。

二、沙溪镇服装产业集群发展历程

自改革开放以来，沙溪镇的服装产业发展经历了四个阶段[①]：

1. 形成阶段（1979～1990 年）

沙溪休闲服装产业源于改革开放初期，刚开始有十几家小企业负责布

---

① 陈创强：《地方政府在中山市产业集群发展中的作用研究》，电子科技大学硕士论文，2011 年。

匹的印染纺织、剪裁等加工。此后几年时间，由于侨乡的优势，带来了大量的"三资"企业涌入，也带来了先进的管理经验、生产工艺、设计理念以及人才和市场信息，沙溪本地经济得以发展，产生了较大的社会效应。1985~1990年大量民营服装生产商应运而生，在经济效益的吸引下，更多的沙溪本地人在掌握技能以后，开始生产手袋、手套、服装等产品的来料加工、来件装配、来样生产和补偿贸易（简称"三来一补"）的形式，开设家庭作坊与外商合作，初步探索了发展外向型经济的路子。开始形成正式的沙溪服装产业，但此时的服装产业多以前期的初加工为主，加工产品没有固定的类型，此时并没有形成休闲服装产业链以及产业集群经济。

2. 成长阶段（1990~1999年）

在成长阶段，服装中小企业从几十家发展到几百家。1995年，沙溪镇共有制衣企业372家，总产值6.2亿元，占全镇工业总产值的51%；共有配套布匹商行230多家，开办布行的商人75%来自沙溪镇和邻近的大涌镇，25%来自内地其他地区以及来自港、澳同胞。服装企业开始贴牌生产休闲服装，拥有了自己的生产线，以贴牌生产线及原料教工生产线为主，产品销往全国。1999年沙溪镇政府组织建立中国休闲服装网等网络平台进行电子商务及推广。休闲服装产业链正式形成并得到了一定程度的发展。

总的来说，在沙溪休闲服装产业集群的快速集聚阶段，集群的经济规模迅速扩大，经济实力增强；休闲服装产业专业化分工深化，促进产业供应链分解；各企业间联系密切，形成网络结构；沙溪企业向外扩散，通过市场交易和组织纽带，越来越强有力地影响着全国休闲服装产业市场；形成布料市场、辅料市场、制衣机械市场、布碎市场等专业市场，服务于整个珠三角地区甚至全国；区域品牌逐步建立起来。

3. 成熟阶段（2000~2011年）

经过10多年的发展，沙溪的休闲服装企业已经达到了一定的规模，但缺少领头品牌和展示平台。2000年10月27日~11月5日，由中国服装协会、中国服装设计师协会、中山市政府主办的"2000中山国际休闲服装节暨中国著名休闲服装展示展销周"沙溪镇休闲服装城举办，标志着沙溪服装产业进入了成熟发展阶段。首届休闲服装博览会成功举办之后，被冠上

"休闲服装看沙溪"美名的沙溪镇站在了新的历史方位上。2002年，沙溪镇获得中国纺织工业协会、中国服装协会联合授予的"中国休闲服装名镇"称号。到2004年，沙溪已拥有与制衣有关的纺织、漂染、印花等配套企业数百家，形成了从织造、整染、布匹、绣花到服装加工、销售等系列化服装产业集群链条。

4. 转型升级发展阶段（2012年至今）

2012年开始，沙溪服装产业进入艰难的转型发展阶段。2011年，沙溪镇规模以上纺织服装、服饰业主营业务收入由上年的97.8亿元增长到135.3亿元，利润由3.12亿元增长为10.02亿元。2012年、2013年，沙溪镇纺织服装、服饰业主营业务收入分别为10.12亿元、95亿元，利润分别为2.79亿元、1.63亿元。从2012年起，沙溪镇政府开始搭建休闲服装电子商务平台，加快服装电子商务营运中心建设，构建网上商贸综合体，推动网络管理、销售系统建设，推动扶持有潜质的服装企业走B2B、B2C等电子商务模式。2014年，虎门服装市场集群被认定为"广东休闲服装国际采购中心"，获得了编制服装商品价格指数等优势，掌握了广东服装的价格话语权，沙溪在休闲服装产业的地位受到挑战。

三、沙溪镇服装产业集群组织机构现状

（一）经济行业构成现状

从经济行业上看，截至2015年1月1日，沙溪镇服装产业组织机构中，从事纺织业的有159家（6.17%）、从事纺织服装鞋帽制造的有1355家（52.54%）、从事纺织品及原料批发的有404家（15.66%）、从事纺织品针织品及原料的零售的有635家（24.62%），共计98.99%（见图4.9）。

（二）机构类型构成

从机构类型上看，以经营性为主的企业、企业非法人和个体组织占主体。2014年，全市从事服装经营的企业法人达4394家，占据了整个产业的36.49%，其中位于沙溪镇的有956家，占全市企业法人组织机构数量的

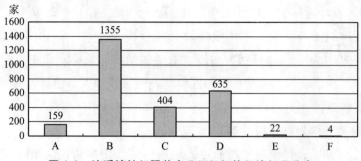

图4.9   沙溪镇纺织服装产业组织机构经济行业分布

21.73%；企业非法人3394家，占据了整个产业的28.19%，其中，沙溪镇达641家，所占比重为18.89%；个体4199家，占据了整个产业的34.87%，其中，沙溪镇达到971家，比重为23.15%；剩余的机构类型占据了0.45%，三大主体机构类型比例相当，比较稳定（见图4.10）。

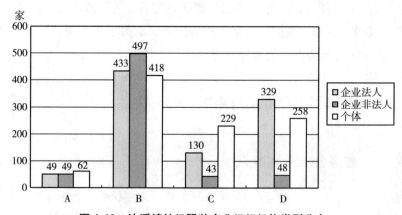

图4.10   沙溪镇纺织服装产业组织机构类型分布

但是，在沙溪镇区域中，各个经济行业的机构类型又有所不同。纺织业和纺织服装鞋帽制造业，作为沙溪镇的制造业领域，三者的构成几乎持平，比较稳定。其中纺织服装鞋帽制造业为：企业法人433家（31.96%）、企业非法人497家（36.68%）、个体418家（30.85%）。但是在纺织品及原料的批发和零售领域，主要以企业法人和个体为主。其中纺织品零售领域，企业法人329家（51.81%）、企业非法人48家（7.56%）、个体258家

（40.63%）。

（三）经济类型构成

从经济类型上看，2014年全市服装产业组织机构中，有限责任经济占据了整个区域内组织机构数量的31.15%，达3751家，其中，沙溪镇的为899家（23.97%）；个体经济占据了组织机构数量的38.50%，达4636家，其中沙溪镇的为1055家（22.76%）；集体经济组织机构数量95家，所占比重为0.79%，其中，沙溪镇的为5家（5.26%）比重较低；外商投资经济和港、澳、台地区投资经济共582家，所占比重为4.83%，其中沙溪镇的为62家（10.65%）比重略低；其他经济（除企业外）组织达2950家，所占比重为24.50%，其中，沙溪镇的为556家（18.85%），见图4.11。

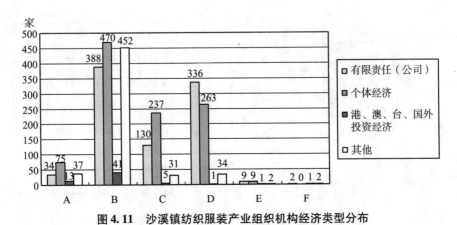

图4.11　沙溪镇纺织服装产业组织机构经济类型分布

注：由于有些企业在申请登记组织机构代码时未准确填写企业经济类型，统计数据可能与实际有偏差。

但是，在沙溪镇区域内，各个经济行业的经济类型也会存在一些差别。基本以纺织服装鞋帽制造业、纺织品及原料批发和零售为主，所属的经济类型也基本上以有限责任（公司）、个体经济、其他三个类别为主。其中纺织鞋帽制造业领域，有限责任（公司）388家（28.63%）、个体经济470家（34.69%）、其他452家（33.36%）；纺织品及原料批发领域，三者分别是：130家（32.18%）、237家（58.66%）和31家（7.67%）；零售业三者的数量分别为：336 家（53%）、263 家（41.48%）和 34 家（5.36%）。

（四）注册资金构成

从注册资金的构成现状来看，2014 年全市从事纺织品针织品及原料零售的组织机构以所占比重 69.2% 位居服装产业投资额之首；其次是纺织业和纺织服装鞋帽制造业，所占比重为 11.9% 和 12.8%，前者是服务业，后两个是制造业，所占比重达 93.8%，总金额高达 281.954 亿元。其中，沙溪镇的注册资金额为 12.72 亿元，所占比重为 4.2%，主要是纺织服装鞋帽制造业 6.86 亿元（54.1%），纺织品、针织品及原料零售 2.5 亿元（19.8%），纺织品、针织品及原料批发 2.16 亿元（17.0%），见图 4.12。

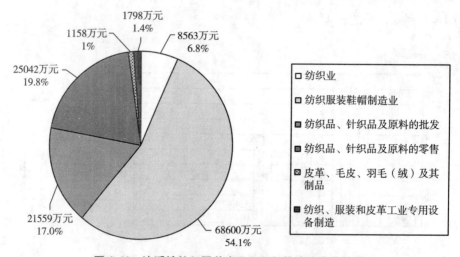

图 4.12　沙溪镇纺织服装产业组织机构注册资金构成

注：由于在组织机构代码数据库中有些企业在申请登记时没有准确填写注册资金数额，造成统计数据可能与实际有些偏差。

综上所述，沙溪镇纺织服装组织机构中，经济行业以纺织业、服纺织服装鞋帽制造、纺织品针织品及原料的批发和零售为主，占 98.99%；机构类型以企业及个体为主，占 74.72%，企业非法人占 24.85%；经济类型以有限责任（公司）、个体经济和其他经济为主，占据 97.36%。注册资金规模构成以纺织服装鞋帽制造业为主，占 54.1%，纺织品及原料零售只占 19.8%。

四、沙溪镇服装产业集群发展特点

为了推动服装产业的发展，镇政府成立了扶持服装行业领导小组，负责对服装产业进行整体规划，制定服装行业的发展策略和政策。如今，沙溪镇休闲服装业设施完善、企业众多、资讯发达、行业配套、物流顺畅，体现了鲜明的产业集群特色。主要表现在以下九个方面：（1）种类繁多。按消费者的性别和年龄可以分为男装和女装、成人装和儿童装；按用料可以分为针织休闲服装和梭织休闲服装①。（2）休闲服装的销售半径较大，是具有辐轴式市场空间结构的产业。（3）具有流行性和时效性的特征，产品的更新率高、样式和颜色变化快。但在流行趋势上，又具有超前的特点。（4）世界休闲服装消费市场不断细分，存在不同层次的消费群体和不同的地区市场。（5）劳动密集型产业。对于大批量廉价而熟练的技术工人和有丰富经验的设计人员的需求远远高于对于高知识人才的需要。（6）供应链可分离为多个专业环节，加强产业链的延伸，产业配套能力明显提高。沙溪镇的休闲服装产业能够很好地带动纺织业的化纤、棉麻、织布、染整、印花等多个行业的发展，产业联动性较强。（7）注重发挥镇区的传统产业优势，积极扶持特色产业做大做强。（8）沙溪镇的制衣企业近千家，配套企业200多家，区域经济产生的集聚效应，使得中山市各镇区的对外辐射能力大大提高。（9）产品标准和品牌得到提升，增强企业的市场竞争力。沙溪镇通过举办国际休闲服装节以及中国休闲服装博览会等方式，为各企业间加强交流与合作提供平台，受到与会界的普遍认同，获得国内外的高度好评。同时这也能够有效扩大沙溪服装产业对中山市经济总量的影响，从而提升品牌的知名度。

五、全球价值链视角下沙溪镇服装产业集群发展困境及挑战

（一）沙溪镇服装产业集群发展存在的困难

沙溪镇由于地缘优势，加上受到改革开放的影响，沙溪纺织服装产业集

① 卞芸芸：《中山市沙溪镇休闲服装产业集群机理研究》，中山大学硕士学位论文。

79

群是在全球价值链驱动下逐渐形成的。地方产业集群的升级和发展离不开与全球价值链进行整合，但对于目前的发展，供应链的整合还存在着诸多的发展障碍。

（1）服装产业集群供应链的核心企业多为处于中游的生产加工型企业，而上游的纺织企业和下游的销售企业较少。生产加工企业既受制于上游的纺织面料的供应环节，同时也受到下游的销售企业的影响，这就使得处于中游的生产加工企业在价值链中始终处于从属地位，很难担当起向供应链上下游延伸和驱动集群的角色，从而在很大程度上阻碍了产业集群通过市场机制来进行集群供应链式的整合。

（2）纺织服装产业集群的定位趋同化现象，也会影响全球价值链的嵌入和集群供应链的整合。由于国内大部分地方产业集群都存在技术相对落后、研发水平低下和营销力量薄弱的劣势，使得他们往往定位于中低端市场。趋同现象也会引起价格大战，进入恶性循环的竞争模式，企业之间缺乏协调合作，利用不正当手段争取资源，最大程度地打压其他企业，恶化了地方产业集群的生存和发展环境。

（3）近年来，欧盟等一些国家相继对中国出口服装产品设置弹性壁垒，导致中国服装企业成本急剧攀升。加上国内服装市场竞争激烈，国内、国际出口加工费、用料等都已相当透明，没有明显增长空间，使得企业越来越无利可图。在此情况下，作为中国休闲服装名镇的中山沙溪镇同样感同身受。

（二）沙溪镇服装产业集群发展面临的挑战

服装产业既是传统产业，也是充满机遇和活力的产业，只有坚持政府和企业互动发展的策略，沙溪的服装产业才大有可为，企业可以通过以下几个方面来提高自身的竞争力，从而能够在竞争日益激烈的市场中立于不败之地。

1. 提升产业技术优势，努力推动科技创新

目前，我国的大多数企业仍然是依靠低廉的劳动力成本来赚取利润，尽管近 10 年国内已经有很大一部分企业不断发展、壮大，并创立了自己的品牌，但同国外知名品牌相比，仍存在不小差距。这个差距主要体现在面料

上，尤其是棉制产品面料方面，中国到目前为止还未能很好掌握各种产品面料的高端技术，一些质量好、技术含量高的面料仍然以进口为主。沙溪作为全国休闲服装专业镇也同样面临着这个问题，没有核心技术也就无法实现产业的可持续发展，也无法占领产业发展的制高点。为此，沙溪发动了一大批企业进行技术改造，这些改造的措施将直接拉动经济增长 2 亿元。企业在有关部门的协助下，申报和承担中山市科技计划项目，增加自身技术储备。

沙溪镇着力推进企业的科技创新，提高企业进行技术创新的自觉性与积极性。结合产业特点，现阶段重点要抓好四项工作：一要促使企业对引进的先进技术要认真消化，合理吸收，最大限度地发挥新技术的效用。二要促使企业加大力度进行技术改造，提高生产过程的自动化和精细化程度，加快设备更新，逐步淘汰落后、过时的生产设备。三要引导企业加大科技投入，支持和帮助企业进行各种技术开发、工艺改造等核心技术的研究，实现由模仿生产向自主创新的转变，开发具有自主知识产权的产品。四要积极开展与高校和科研单位合作、联姻，进行生产技术和新产品的科研攻坚，降低成本，掌握几手"绝招"，力争在服装行业中起到左右休闲服装潮流和生产技术的关键作用。同时开发一些高技术含量、高附加值的产品，形成强大的"辐射能力"，吸引相关产业进入，沙溪的产业才会长盛不衰。

2. 规范企业发展秩序，创造良好发展环境

一部分规模小、运营不规范的企业运营成本相对较低，在企业基础建设、工人待遇、环境卫生、污水处理等方面都达不到要求，其产品主要游走于低端市场，这些企业虽然有一定的市场存在空间，但严重影响了大企业的健康发展，尤其在与国外企业合作过程中，由于少数企业的产品质量问题而导致国外企业对我国整体产品产生怀疑。而要解决这个问题的最有效办法，就是不断为企业创造良好创业环境，更要营造出品牌发展的大空间，将整个产品建立在有保障、重信誉的基础之上。

为此，沙溪选定一批大力扶持的重点企业，集中资源培育大企业和名牌产品，特别是培育服装行业的"领头羊"企业，促使这批企业在较短时间内实现规模扩张。并大力推进"四名工程"实施名牌带动战略，创"名厂、名师、名牌、名镇"工程，提升产品质量。另外，镇政府鼓励和引导企业进行技术改造建立技术中心，与国内高校合作开发新产品，提高产品技术含量。

3. 引导专业市场发展，完善服装产业链

沙溪镇政府在扶持服装产业发展方面，重点引导向专业方向发展。通过对龙瑞小商品市场进行专门调研，了解市场状况，协助龙瑞成功举办"中山市沙溪龙瑞小商品市场十周年庆典暨广东沙溪龙瑞小商品市场推介会"；通过对新龙瑞小商品市场、云汉商贸服装批发市场、布匹成衣市场进行调查，了解企业存在的困难和问题，引导市场加强营销和宣传，使市场逐渐兴旺。沙溪政府协助广弘集团筹备成立沙溪棉纱交易中心，在市场定位、制订筹备方案、申请设立宣传广告牌以及招商推介等工作中给予了全力支持，并邀请广东省纺织协会为此项目的发展提供了专业的指导。设立棉纱交易中心，为夯实沙溪的纺织服装产业基础、完善纺织服装产业链提供更有力的支撑。

4. 努力提高服务质量，形成品牌效应

目前，沙溪的竞争优势主要体现在中低档的服装，而沙溪人也深刻认识到服装产业未来的发展方向则必须摒弃原有的低成本、粗放型的发展模式，走高端服装发展之路，转型升级刻不容缓。沙溪也深刻认识到这种发展趋势。在产业转型升级的变革路上，沙溪将通过融合时尚与休闲，不断开发新产品，努力提高质量水平，引领和传承"休闲服饰文化"和"经典红木家具文化"，为产品开发提供创新元素，为产业升级提供转型思路。

品牌是企业创新和高效管理的结晶，也是产品在市场流通过程中的绿色"通行证"，现代企业经营方式已经从"做企业"向"做品牌"转变。欧美的品牌产品，绝大部分都是通过发外加工的形式进行运作。沙溪的很多企业都在为一些世界名牌加工生产，这充分说明了沙溪企业的生产工艺和产品质量已经完全达到了品牌产品的水平，沙溪完全有能力树立自己的品牌，要通过创品牌、经营品牌实现从赚取"加工费"向赚取"附加值"的转变。在我国走向市场的过程中，有不少企业创出了自己的特点和品牌，值得沙溪的服装企业借鉴。沙溪的霞湖世家、智威龙等知名品牌就是很好的典范。

第三节　南头镇家电产业集群发展状况

中山市的家电产业最早可追溯到 20 世纪 80 年代初期，曾经锻造出威力、爱多、小霸王等知名品牌；后来由于企业体制束缚与转型不畅等原因，中山市家电市场一直处于低谷状态。直到 2000 年以后南头的家电产业才迎来了新一轮的腾飞。经过发展，中山家电产业的影响力不断提高，出现了小榄、南头、东凤等几个家电产业专业镇，尤其是以南头为核心的西北组团[①]。

依据 GB/T 4754 – 2002《国民经济行业分类》，家电产业可以划分为：家用制冷电器具制造、家用空气调节器制造、家用通风电器具制造、家用厨房电器具制造、家用清洁卫生电器具制造、家用美容、保健电器具制造、家用电力器具专用配件制造、家用视听设备制造、钟表与计时仪器制造业、家用电器批发、家用电器零售 12 种经济行业类别，对应字母编号见表 4.6。对中山市家电产业经济结构区域分布、经济行业分布、机构类型分布、经济类型分布、投资金额现状进行分析。

表 4.6　　　　　　　　　　　　家电产业经济行业索引

字母编号	经济行业名称
A	家用厨房电器具制造
B	家用电器零售业
C	家用电器批发业
D	非电力家用器具制造
E	家用美容、保健电器具制造
F	家用电力器具专用配件制造
G	家用通风电器具制造

---

① 陈创强：《地方政府在中山市产业集群发展中的作用研究》，电子科技大学硕士论文，2011 年。

续表

字母编号	经济行业名称
H	家用视听设备制造
I	家用清洁卫生电器具制造
J	家用制冷电器具制造
K	钟表与计时仪器制造业
L	家用空气调节器制造

中山市各镇区 2014 年家电产业组织机构数量情况见图 4.13。全市共有 5249 家组织机构（截至 2015 年 1 月 1 日），主要集中分布为：南头镇 777 家（14.80%）、东凤镇 1430 家（27.24%）、小榄镇 570 家（10.86%）、黄圃镇 656 家（12.50%），4 个镇区占据了整个区域的 65.40%，见表 4.7。

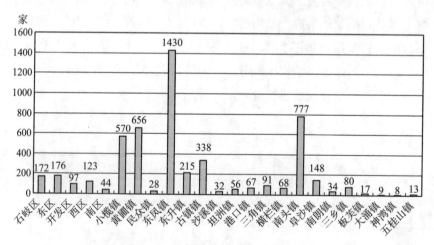

图 4.13　中山市家电产业组织机构区域分布

表 4.7　　　　　　中山市家电行业组织机构数量情况　　　　　　单位：家

各经济行业名称	小榄镇	黄圃镇	东凤镇	南头镇	全市
家用制冷电器具制造	0	5	8	13	39
家用空气调节器制造	1	3	1	5	14
家用通风电器具制造	17	10	34	17	119

续表

各经济行业名称	小榄镇	黄圃镇	东凤镇	南头镇	全市
家用厨房电器具制造	139	384	859	404	2098
家用清洁卫生电器具制造	11	7	7	6	54
家用美容、保健电器具制造	55	6	57	4	148
家用电力器具专用配件制造	21	13	38	22	126
非电力家用器具制造	22	53	80	43	264
家用视听设备制造	24	1	7	3	90
钟表与计时仪器制造业	4	0	1	1	28
家用电器批发业	62	52	120	87	617
家用电器零售业	214	122	218	172	1652
合计	570	656	1430	777	5249

从经济行业上看，中山市家电产业的组织机构中，主要是家用厨房电器具制造企业 2098 家（39.97%）、非电力家用器具制造企业 264 家（5.03%）、家用电器批发企业 617 家（11.75%）、家用电器零售企业 1652 家（31.47%），以上企业占中山市家电产业机构数共占比 88.22%，见图 4.14。

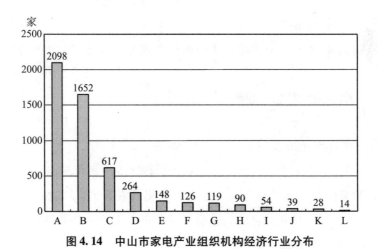

图 4.14 中山市家电产业组织机构经济行业分布

一、南头镇发展概况

南头镇位于中山市境北部，毗邻佛山顺德区，面积 26.14 平方公里，2013 年年末常住人口 13.26 万人，户籍人口 4.6 万人。广珠城轨、太澳高速公路贯穿全镇，是中山市北部交通的枢纽。曾获得"中国家电产业基地"、"中山市经济强镇"、"广东省文明示范镇"等的称号①。

南头镇主要以工业产业为主，2013 年，南头镇实现工业生产总值 111.2 亿元，环比增长 12.2%。南头镇位于中国家电产业群中心地带，在附近聚集着中国五大品牌的家电产业，广东长虹电子有限公司和 TCL 空调器（中山）有限公司，以及南头周边的美的、科龙、格兰仕等，具有良好的家电产业发展氛围，具备了产业发展的资源优势、人才优势、信息优势和规模优势。吸引了一大批投资客商落户，他们分别来自我国港、澳、台地区及欧美日等发达国家和我国其他地区，主要行业包括家电、机械、化工、电子等。家电业已成为南头镇的支柱产业。拥有包括长虹、TCL 在内的 200 多家家电生产企业和 350 多家家电配套企业，逐步形成了以空调、电视、冰箱等大家电为龙头，小家电门类齐全，零配件配套完善的区域特色产业优势。

南头镇充分利用位于中国家电走廊中心得天独厚的地缘优势，不断延长产业链，抓好龙头企业，建立和充实科技创新中心、企业研发中心和更多中介服务机构，因势利导着力把南头家电培育成为具有比较优势的特色产业。

二、南头镇家电产业集群发展历程

1. 形成阶段（20 世纪 90 年代 ~ 2000 年）

南头镇位于中山市境北部，毗邻佛山顺德区，有着优越的地理优势。在 20 世纪 90 年代初，南头镇还是一个名副其实的农业镇，不甘落后的南头镇发展心切，在顺德科龙、美的、格兰仕等企业高速发展的带动下，南头镇的家电配套企业发展迅速，但远未形成规模。

---

① 中山市档案信息网：http：//www.zsda.gov.cn/plus/view.php？aid=374602。

2. 快速发展阶段（2000～2003年）

当时的南头家电业已有一定基础，结合其实际、特点，南头镇政府提出了"建设以家电产业为龙头，发展相关配套产业，做大做强家电产业链，打造南头家电区域特色经济"的战略构想。新思路的确立，为南头镇发展壮大家电产业指明了方向。南头镇为长虹和TCL两家企业提供了极大的扶持，积极引进两大名牌企业在南头镇长远发展。长虹和TCL扎根南头镇后，又吸引了一些家电配套企业落户南头镇，从而出现了家电业迅速扩大的趋势。家电产业链也日益延伸和完善，至此，南头镇的家电特色产业优势开始凸显。

3. 成熟阶段（2003年至今）

南头镇党委、政府抓住机遇乘势而上，于2003年提出创建"中国家电产业基地"的目标，通过加大招商引资力度，提高家电产业的集聚效应；大力推进工业园区开发建设，打造产业发展平台；大力开展技术创新，促进家电特色产业经济发展；推进名牌名标战略，提高家电企业知名度和市场竞争力等系列措施，加快了全镇家电产业的发展和腾飞。

当前南头镇仍处于工业化的中期阶段，必须继续把加快发展扩大总量放在首位。为此，一要抓住世界制造业新一轮转移高潮的契机，打响"中国家电产业基地"的区域品牌，千方百计地吸引和扩大内外资，提高引进外资的质量和水平。二要推进技术进步、龙头企业带动、名牌名标战略，促进南头镇工业结构优化升级和整体素质的提高。家电产业要想保持长期健康发展，提高企业的技术创新能力是关键所在。

三、南头镇家电产业集群组织机构现状

（一）经济行业构成

从经济行业上看，南头镇家电产业组织机构中，从事家用厨房电器具制造的有404家（51.99%），从事非电力家用器具制造的有43家（5.53%），从事家用电器批发的有87家（11.20%），从事家用电器零售的有172家（22.14%），所占比例共计90.86%，见图4.15。

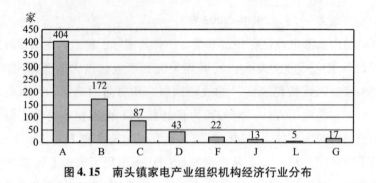

图 4.15　南头镇家电产业组织机构经济行业分布

（二）机构类型构成

从机构类型上看，家电产业组织机构中，以经营性为主的企业、企业非法人和个体组织占主体。属于企业法人的有3166家，占据了整个产业的60.32%，其中位于南头镇的有589家，占全市的企业法人组织机构数量的18.60%；企业非法人1039家，占据了整个产业的19.79%，其中，南头镇达135家，所占比重为12.99%；个体993家，占据了整个产业的18.92%，其中，南头镇达到38家，比重为3.83%；剩余的机构类型占据了0.98%，见图4.16。

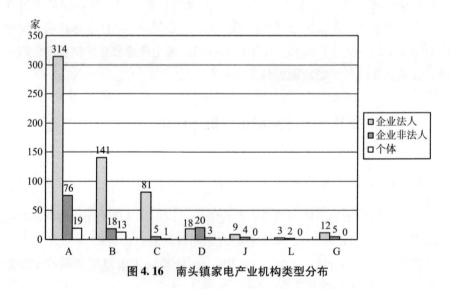

图 4.16　南头镇家电产业机构类型分布

在南头镇各个经济行业的组织机构中，从事家用厨房电器具制造行业，属于企业法人的有 314 家（76.77%），属于企业非法人的有 76 家（18.58%），属于个体的有 19 家（4.65%）；家用电器批发行业分别是：81 家（93.10%）、5 家（5.75%）、1 家（1.15%）；家用电器零售行业，三者分别是：141 家（81.98%）、18 家（10.47%）、13 家（7.55%）。

（三）经济类型构成

从经济类型上看，家电产业组织机构中，属于有限责任经济类型的占据了整个区域内组织机构数量的58.32%，达3061家，其中，南头镇的为568家（18.56%）；个体经济占据了组织机构数量的17.17%，达901家，其中南头镇的为29家（3.22%）；集体经济组织机构数量12家，所占比重为0.23%，比重较低，其中，南头镇的为1家（8.33%）；外商投资经济和港、澳、台投资经济共105家，所占比重为2%，其中南头镇的为16家（15.24%）；其他经济（除企业外）组织达660家，所占比重为12.57%，其中，南头镇的为91家（13.79%），见图4.17。

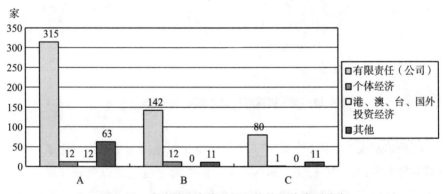

图4.17 南头镇家电产业组织机构经济类型分布

南头镇从事家用电器行业的组织机构中，家用厨房电器制造行业，有限责任（公司）有315家（78.36%），个体经济有12家（2.99%），港、澳、台以及国外投资经济有12家（2.99%），其他经济63家（15.67%）；在家电零售业，有限责任（公司）有142家（86.06%），个体经济有12家（7.27%），其他经济有11家（6.67%）。

（四）注册资金构成

从注册资金的构成现状来看，全市家用厨房电器具制造所占比重31.8%，位居家电产业投资金额之首；其次是非电力家用器具制造和家用电器批发，所占比重为14.6%和12.6%，前两个是制造业，后一个是服务业，所占比重达59.0%，总金额高达32.29亿元。其中，南头镇的注册资金总额为8.62亿元，所占比重为15.74%，主要是家用厨房电器具制造3.85亿元（48.4%），家用电器批发2.21亿元（27.7%），见图4.18。

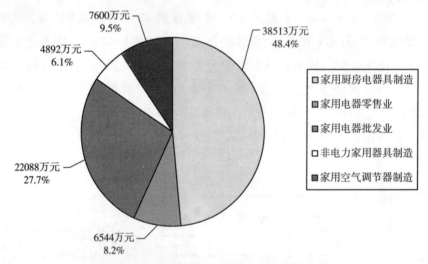

图4.18 南头镇家电产业组织机构注册资金构成

南头镇家电产业组织结构中，经济行业中以家用厨房电器具制造、家用电器零售为主，占74.13%。机构类型中南头镇家电经济以企业及企业非法人为主，分别占77.30%、17.22%，个体占4.98%，主要是家用厨房电器具制造和家用电器零售为主。经济类型中南头镇家电经济以有限责任（公司）、个体经济和其他经济为主，占据97.07%。注册资金规模构成中南头镇家电经济以家用厨房电器具制造为主，占48.4%，家用电器批发占27.7%，家用电器零售只占了8.2%。

四、南头镇家电产业集群发展特点

（1）南头镇已拥有生产空调、电视机、电冰箱及抽湿机等大家电企业和生产电风扇、电饭煲、电磁炉等小家电产品企业的集群地，并拥有其自身的家电配套企业，已经形成了比较完善和较具规模的"接单—设计—生产加工—营销"的家电产业链。

（2）良好的发展环境和南头当地政府的大力支持是南头镇家电产业集群快速发展的有利条件。政府确立了"建立以家电产业为龙头、发展相关配套产业、做大做强家电产业链，打造南头家电区域特色经济"的新思路。龙头企业带动了中小微企业发展，推动整个家电产业转型升级。

（3）由于南头镇只有28万平方公里，土地资源和用地指标紧缺，仅靠大规模引进新项目，推动经济发展非常困难。当地政府转变了过去主要依靠大规模招商引资发展的思路，用心做好对已有企业的服务工作，推动企业增资扩产。当地政府鼓励企业向空中发展，从而使得企业增资扩产，土地产出率也因此有所提升。

（4）南头镇通过构建创新平台来紧贴企业后续发展，让产品上档次、产业结构升级和换代，并取得了显著效果。早在2003年年初，南头镇就与广州电器科学研究院（即现在的中国电器科学研究院）建立"广东省日用电器科技创新中心"。该中心成立以来，已为全镇500多家企业提供计量检测、产品认证、技术培训、新产品开发设计以及科技项目申报和研发等多项服务。近几年，该中心又扩大了对镇内及周边地区企业的服务范围，为南头家电产业升级提供有力保障。

五、全球价值链视角下南头镇家电产业集群发展困境及机遇

（1）土地资源和用地指标紧缺是制约南头镇家电产业集群发展的重要因素之一。因为产业集群形成的必要条件之一就是要有足够的土地，由于南头镇地块小，家电产业集群的扩大面临着重要的困难，迫使家电产业进行转型升级；也迫使当地政府出台一定的政策来提高土地的利用率和土地的产出

效率，这样才能使南头镇家电产业更好地发展。

（2）由于欧盟在2005年实施的《关于报废电子电气设备指令》（简称WEEE），以及2006年实施的《关于在电子电气设备中禁止使用某些有害物质指令》（简称ROHS），被统称为欧盟的两大"绿色指令"①。两大指令涉及10大类，近20万种产品，而且大多数属于我国强势出口机电产品，包括大型家用电器类、小型家用电器类、IT和通信设备、消费产品类、照明设备类等。WEEE指令的实施将迫使电子电器产品设备生产商加快环保绿色产品的研究、设计和产业化生产。欧盟双绿色指令的实施对南头家电产品出口欧盟造成重大的影响。

（3）由于南头镇家电产业集群大部分都是由中、小、微型企业组成，有不少的中、小、微型企业面临着污染大、能耗高、贡献少的困境，再加上家电产业对环境的污染比较大，导致南头镇的环境污染比较严重。当地政府应对这些污染大、能耗高、贡献少的企业进行整顿，为家电产业集群的良好发展提供保障。

第四节　黄圃镇食品产业集群发展状况

黄圃镇位于珠三角平原腹地，是我国广式腊味的最大生产基地。改革开放以来，黄圃镇凭借优越的区域位置和丰富的资源优势，大力发展以"黄圃腊味"为代表的传统特色食品产业。

根据中山市组织机构代码数据库，中山市食品产业在全市的分布情况（截至2015年1月1日）见图4.19。

依据GB/T 4754-2002《国民经济行业分类》，食品产业涉及肉制品及副产品加工、水产品加工、蔬菜水果和坚果加工、酒的制造、软饮料制造、食品饮料批发、食品饮料专门零售、食品检测8个经济行业类别。为图示方便，用字母编号代表食品产业所涉及经济行业，如表4.8所示。

---

① 黄国涛：《从产业机构看中山南头家电企业》，载于《广东科技》2005年第11期，第35~36页。

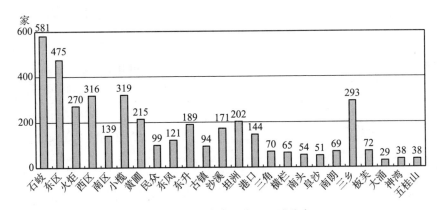

图4.19 中山市食品产业区域分布

表4.8 食品产业经济行业索引

字母编号	经济行业名称
A	肉制品及副产品加工
B	水产品加工
C	蔬菜、水果和坚果加工
D	酒的制造
E	软饮料制造
F	食品饮料批发
G	食品、饮料专门零售
H	食品检测

食品产业在全市的分布如图4.20所示。食品产业涉及的8个经济行业中，数量最多的是食品饮料专门零售行业，有2899家，占70.5%；其次是食品饮料批发行业，有897家，占21.8%；软饮料制造行业125家，占3%；没有为食品生产服务的技术检测行业。

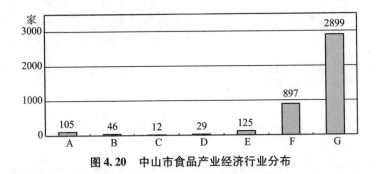

图4.20 中山市食品产业经济行业分布

中山市主要镇区食品产业各经济行业机构构成如表4.9所示。

表4.9　　　　　中山市食品产业主要镇区各经济行业机构构成　　　单位：家

经济行业名称	石岐区	东区	小榄镇	黄圃镇	中山市
肉制品及副产品加工	2	0	1	84	105
水产品加工	1	0	4	8	46
蔬菜、水果和坚果加工	2	0	1	4	12
酒的制造	1	0	3	2	29
软饮料制造	3	3	24	6	125
食品饮料批发	152	117	60	23	897
食品、饮料专门零售	420	355	226	88	2899
食品检测	0	0	0	0	0
合计	581	475	319	215	4113

一、黄圃镇发展概况

黄圃镇①地处中山市最北部，西北与佛山市顺德区为邻，东北与广州市番禺区隔河相望，居"珠三角"西岸都市圈发展核心板块，与广州、深圳、佛山、江门、东莞、珠海、香港、澳门8个地区同在1小时生活圈内。全镇土地面积88平方公里，户籍人口8万多，外来人口5万多，辖12个村民委员会和4个社区居委会，形成"四区两园三地六村"的山水田城发展格局（即一个中心城区、一个港口区、一个绿色生态走廊区、一个历史文物保护区、两个现代化农业生态示范园、三大工业基地、新农村建设），是全国首个中国食品工业示范基地、中国腊味食品名镇。

黄圃镇建制860多年，具有悠久的历史和深厚的文化底蕴，人文荟萃，物美风淳，地沃物丰。飘色、盆景、龙狮并称黄圃艺术殿堂中的"三宝"，是广式腊味发源地，是中山北部的政治、经济、文化中心和珠江三角洲的重要商贸城镇和最具活力的城镇之一，与石岐、小榄齐名，并称"中山三大镇"。

---

① 中山年鉴：http://www.zsda.gov.cn/plus/php_zhishu_right.php？year=2014&typeid=628。

二、黄圃镇食品产业集群发展历程

早在清光绪十二年（1886 年）黄圃镇就开始腊味、头菜等传统特色食品的制作，富有浓郁的地方特色①。经过多年的精心培育，黄圃镇食品产业发展迅猛，逐渐形成了以腊味、干果、啤酒饮料、水产品加工、稻米蔬果加工、食品印刷包装六大行业的食品产业体系，具备了较大的发展规模。尤其是黄圃腊味，蜚声海内外，集群发展优势和质量品牌效应日益凸显，成为黄圃食品产业的一大亮点。目前，全镇拥有食品企业 300 多家，产值超 30 亿元，腊味行业更是一枝独秀，年产值超 15 亿元，产品占全国腊味市场的半壁河山，已成为我国最大的广式腊味生产专业基地。

根据产业集群成长理论，黄圃镇食品产业集群的形成与发展经历了以下阶段②：

1. 萌芽阶段（清光绪年间至 1972 年）

清光绪年间腊肠被偶然制造出来，其独特的风味和耐储藏的特性，使当时的大黄埔（今黄圃镇）人争相仿制。在以自然经济为主体的农业社会，制作腊味均为家庭式作坊，用手工操作、太阳生晒，故产量不高、质量不稳定，销售市场仅限于大黄埔附近的墟场。直至民国初年，依赖大黄埔河涌纵横、水上运输便利的条件，黄圃腊味走出家门，开始流行于珠江三角洲。随着需求增加，为扩大生产，人们开始使用烘房制作腊味制品，从而使腊味制作摆脱了场地和气候的限制。此外制作腊味需要上好酱料，腊味的生产又带动了酱料行业的发展。

2. 发展阶段（1973～1999 年）

新中国成立后，腊味生产受肉类供应影响，腊味加工归国营食品站独家经营。1973 年，以黄埔公社的名义，采取横向联营的方式，组织大批黄埔人赴四川与大邑县粮油公司联营，大量加工腊味，运回广东销售。

20 世纪 80 年代，黄圃镇工业公司、黄圃镇肉食品加工厂、永兴腊味加

---

① 潮州日报：http://www.chaozhoudaily.com/czrb/html/2014－06/09/content_1678835.htm。
② 李剑铭：《中山市黄圃腊味产业集群发展对策研究成都》，电子科技大学工商管理学院，博士论文，2011 年。

工厂、泰和贸易公司等单位以及一些个体户，在四川、湖南、广东开设腊味加工厂 32 家，1987 年腊味年产量已达 120 万公斤。此时腊味制作已实现半机械化生产。随着四川、湖南物价及工资逐步接近广东水平，这些地方的腊味加工厂纷纷迁回黄埔，从 1995 年到 1999 年就迁回 40 多家。

3. 成熟阶段（2000 年至今）

近年来，黄圃镇不断优化产业结构，促进产业聚集，打造上游资源供应基地，建设下游销售网络，创新延伸特色产业链、价值链，增强腊味产业的发展活力。

为了提升腊味行业档次，黄圃积极推行腊味行业集中生产，于 2005 年建成了集原料生产区、贮存配送区、生产加工区、质量检测区、产品开发区、贸易流通区、商务行政区、生活居住区 8 大功能区于一体的中国食品工业示范基地。为了开拓市场，黄圃人还积极开展会展活动。从 2005 年起，黄圃开始举办中国国际食品工业经贸洽谈会。经过努力，"食洽会"如今已经成为国内外食品业界的重点展会和中山会展经济的亮点，被评为"中国十大最具影响力的品牌展会"。

近年来，黄埔通过强化联检力度、严抓食品市场准入关、建立食品安全质量档案等一系列措施，大力实施质量兴镇战略，同时积极引导企业转变经营观念和经营模式，实现从注重产品数量向提升质量转变，从"办企业"向"做品牌"转变。黄圃还积极与多家高校、研究院开展"产学研"合作，利用高校、研究院的人才资源和高新技术改造提升传统产业，使腊味生产由原始的手工制作逐步走向工业化、规范化、规模化和现代化。

历经多年的努力，基地的食品工业已经形成了以食品加工业为主，食品包装印刷和生活厨具制品业为辅的产业结构，以其优越的投资环境和优质的投资服务，吸引了众多名牌食品企业前来投资办厂，黄圃食品产业进入健康发展轨道。

三、黄圃镇食品产业集群组织机构现状

（一）经济行业构成

从经济行业上看，截至 2015 年 1 月 1 日，黄圃食品产业组织机构主要

集中在肉制品及副产品加工及食品饮料专门零售行业，分别有 84 家和 88 家，见图 4.21。

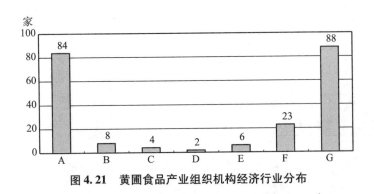

图 4.21　黄圃食品产业组织机构经济行业分布

（二）机构类型构成

从机构类型上看，以经营性为主的企业、企业非法人和个体组织占主体。黄圃食品产业的企业法人、企业非法人、个体组织分别为 46 家、99 家、69 家，分别占比为 21.4%、46.1%、32.1%，见图 4.22。

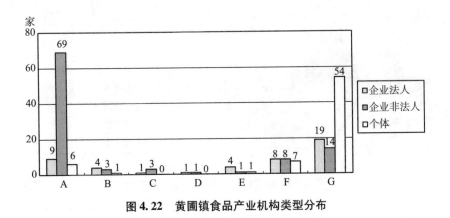

图 4.22　黄圃镇食品产业机构类型分布

（三）经济类型构成

从经济类型上看，黄圃镇食品产业的组织机构中，有限责任经济、个体经济、其他经济的机构数量都较多，分别为 55 家、81 家、76 家，分别占黄圃镇食品产业机构数的 25.6%、37.7%、35.4%，见图 4.23。

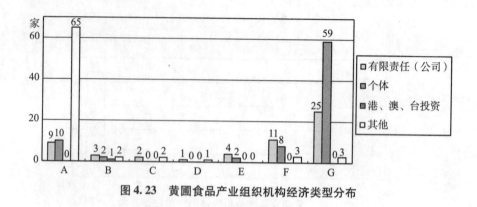

图 4.23　黄圃食品产业组织机构经济类型分布

（四）注册资金构成

从注册资金来看，黄圃食品产业主要投资的经济行业为肉制品及副产品加工，资金量占 35.5%；水产品加工，占 21.7%；酒的制造，占 18.0%；食品饮料专门零售，占 14.4%，见图 4.24。

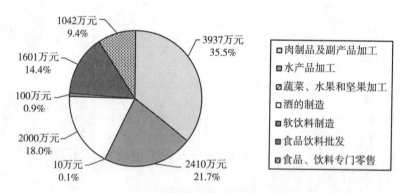

图 4.24　黄圃镇食品产业注册资金构成

注：由于在组织机构代码数据库中有些企业在申请登记时没有准确填写注册资金数额，造成统计数据可能与实际有些偏差。

黄圃镇食品产业组织机构中，经济行业主要是肉制品及副产品加工业和食品、饮料专门零售业，分别占 39.1% 和 51.6%。机构类型分布较均匀，企业法人、企业非法人、个体组织分别占比为 21.4%、46.1%、32.1%。

经济类型以有限责任公司经济、个体经济和其他经济类型为主，国外和港、澳、台投资经济较少。黄圃镇食品产业注册资金在肉制品及副产品加工业、水产品加工业、酒的制造业和食品饮料批发业占比较多，分别为 35.5%、21.7%、18.0% 和 14.4%。从黄圃镇食品产业的机构数量和注册资金分布来看，在这几个经济行业的组织机构平均注册资金较高。

四、黄圃镇食品产业集群发展特点

黄圃镇是以腊味生产为核心的，是全国最大的广式腊味生产加工专业基地。金煌食品、千腊村食品等龙头主要企业为其他腊味企业树立了典范，对黄圃腊味行业的发展起着重大的推动作用。从总体来看，虽然拥有一批上规模的企业，具备了一定的实力，但是仍处于分散竞争、粗放型发展状态，规模经营程度仍然较低，并未体现出有效的集约化增长和规模经济效应。

2004 年，黄圃镇成为中国食品工业协会认定的全国首个"中国食品工业示范基地"和"中国腊味食品名镇"。2005 年前，该镇有腊味生产加工及配套企业 160 多家，但企业经营规模参差不齐，多以家庭式管理和手工作坊生产方式为主，约占总数的 75%。

为提升黄圃腊味的产品质量和品牌知名度，近年来，中山市质监局与黄圃镇政府、腊味商会三方携手，提高准入门槛。市质监局以腊味企业的 QS 审查和办证作为切入点，一方面规范腊味生产行为，整顿一批无证经营和不符合卫生标准的小作坊；另一方面提高内控审查标准，要求获证腊味生产企业必须有冷库设施，促进小作坊、小企业合并重组和正规企业做大做强。

在管理和扶持的同时，黄圃腊味企业还主动推行联盟标准，抢占行业的制高点。黄圃先后统一制定了《腊肉》、《广式腊肠》、《腊鸭（板鸭）》等腊味产业联盟标准。黄圃腊味商会负责人黄永良透露，黄圃腊味产业联盟标准已于 2008 年成功升格为省地方标准，并于 2009 年 6 月正式实施。

为鼓励企业加强技术改造和科技创新，该镇腊味生产企业通过与华南理工大学、省食品工业研究所等机构的合作，不断提高管理水平，利用高新技术改造、提升传统产业，使腊味由原始的手工制作逐步走向工业化、规范化、规模化和现代化生产。目前，全自动切肉机、真空包装机、金属探测器、微波杀菌设备以及太阳能蒸汽锅炉加温烘烤技术、新型低温干燥技术等纷纷进入企业并推广应用，腊肠也由原来的单一品种拓展到目前的60多种。

镇腊味商会与四川乐山市在黄圃合作建立的3万吨冷库配送中心于2009年6月投入使用，全镇81家腊味企业生产所用的猪肉将通过冷库统一配送，从而使黄圃腊味产品实现100%从原材料准入到产品出厂的全过程监管。目前，黄圃81家腊味企业已全部取得生产许可证，并拥有8个广东省名牌产品和1个广东省著名商标，腊味产品抽检合格率由2005年的68%上升到2008年的91%。

五、全球价值链视角下黄圃镇食品产业集群发展优势及困境

（一）黄圃食品产业集群的发展优势

黄圃腊味具有一定的规模、一定的产业体系、一定的市场占有率、一定的知名度，有条件、也有机遇做强做大。

（1）投资平台优势。建成集生产区、种养区、研发和安全检验检测区、行政和生活区等于一体的食品工业示范基地，引导以腊味企业为主的食品企业进行集中生产，调整产业布局由分散型向集结型发展。同时，制定更加有利于企业发展的各项扶持政策，力促企业做强做大，最终实现多赢发展。积极培育现有企业，进一步拓宽招商引资思路和办法，加大招商选商力度，积极开展项目招商、品牌招商、以商引商，引入一批规模大、效益好、国内外知名的食品工业企业落户，"借船出海"，带动本地食品民营企业的发展。

（2）流通平台优势。举办每年一届的中国国际食品工业经贸洽谈会，搭建国内外食品业界交流合作、寻找商机的良好平台。建成中国食品工业示范基地食品流通贸易广场和黄圃腊味展销一条街，着力打造珠江三角洲乃至全国重要的食品集散地，进一步开拓食品流通领域。建立黄圃食品加工主题网站，为食品企业及其配套企业提供统一的电子商务平台，吸纳外地客商通过该网上交易平台发布产品供求信息，推动本地资源优化配置，提高黄圃食品知名度。建设以发展大物流体系为目标的国际食品贸易港，打造国际级食

品贸易的知名品牌。

（3）服务平台优势。建立"企业服务中心"，完善为投资者排忧解难的服务平台。充分发挥中山市中国食品工业示范基地工业开发有限公司的作用，管理运营好中国食品工业示范基地，研究制定食品产业发展规划，统筹组织落实食品产业发展具体措施，全方位为食品企业的发展提供高效、优质的服务。建立中国食品工业服务咨询中心，致力为食品企业提供权威、快捷的信息服务。建立和完善门类齐全、结构合理的社会化中介服务网络，为食品企业提供市场开拓、信息咨询、筹资融资、法律协助、广告设计、技术支撑、人才引进和培训等各种服务。

（4）科技创新优势。做好中国食品工业示范基地、中国腊味食品名镇、广东省专业镇技术创新试点发展规划，并采取有效措施确保落实。在中国食品工业示范基地建成食品检验检测和研发中心，为企业提供新产品开发、产品检验检测、技术咨询、人才培训、企业管理咨询等服务，为整个产业的健康发展提供强有力的技术支撑，成为科研院校推广新科技成果及新技术应用的平台。与中山市质量计量监督检测所合作，建立了"广东省中山市质量计量监督检测所黄圃食品检测站"，被省质监局确定为广东省质量监督食品检验中山站，成为区域性的食品质量检验检测中心。与华南理工大学、广东省食品工业研究中心、东北农业大学等高校院所合作，共建食品工程研究中心，共研腊味生产技术，开发新产品。近年，黄圃镇共投入近亿元资金支持企业进行科技创新和科技进步，科技投入每年都有40%以上的增长。

（5）质量兴企优势。发挥商会的作用，强化行业管理，严格执行企业生产标准，加强质量检查和监督，全面提升食品质量水平。实施名牌名标战略，大力开展创建名牌名标活动。在提高产品质量的基础上加强品牌宣传，争取多创名牌名标。支持一批龙头企业、精品企业创省级名牌产品、著名商标、国家质量免检产品、中国驰名商标等。培育一批名牌名标重点企业和一批具有比较优势的重点出口商品。要求省级名牌企业要争创成国家级名牌产品，排名前列的规模企业要争创省级名牌产品。把"黄圃腊味"商标创建为中国驰名商标。继续深入推进食品生产市场准入制度（即 QS 认证）工作，鼓励企业加大厂房及设备投入，优化食品企业的质量管理制度，促进食品企业向规模化、现代化、效益化发展。积极推进示范企业和加大龙头企业进行质量管理认证。严把准入、准出关口，对不符合食品卫生安全生产条件的食品企业进行全面取缔。建立大型冷库，统一腊味原料采购，严把腊味原料进入关。加强监督检查，严把腊味生产过程关。

（二）黄圃食品产业集群发展存在的主要问题

虽然黄圃腊味产业形成产业集群，显现出一定的竞争优势，但腊味生产有很强的季节性，"秋风起，食腊味"，每年只在 8 月下旬到第二年 1 月份的秋冬晴爽低温天气才是产销旺季。由于大部分工厂主要生产腊味，产品单一，其余的时间企业处于歇业状态，大大浪费了企业资源，而且还造成企业的员工流动性大，在旺季时出现招工难的现象。当前，产业内还存在一些问题：

（1）缺乏龙头企业的带动，企业品牌推广意识薄弱。国内外区域特色经济发达的地区的特色企业之所以能够保持长盛不衰，归根到底在于培育了一批龙头企业，通过这些龙头企业在生产技术、信息传播、经营理念、管理方式等方面的带动、示范作用，推动了区域内众多中小企业的协作和联合，促进了特色产业的规模化发展，提高了整个特色产业在国内外市场的竞争力。目前，黄圃有今荣、泰和、银华、千腊村、创格等知名腊味企业，但这些名牌名标企业以自产自销的传统生产营销方式为主，造成它们与众多中小企业联系少，技术、信息的辐射带动力不强，经营理念与管理方式也起不到示范作用。因此，它们目前尚无法充当企业中的龙头角色，带动整个行业的发展。近年来泰和、银华等多家腊味企业虽然先后获取广东省优质产品、广东省著名商标等称号，但企业也没有因势利导而做响自己的品牌宣传，没有得到市场广泛的认知。因此，黄圃腊味空有 60% 的市场占有率，没有形成可影响国内市场格局的垄断地位，甚至市场消费者只知有广州皇上皇腊味、东莞腊味而少知黄圃腊味。

（2）研发机构力量薄弱，加工技术不高。目前，虽然个别企业设有技术部、研发部，但基本上没有专门的研发人员和机构专门研究、跟踪、消化、运用国内外先进的专业技术。黄圃镇已设立食品检验检测机构和食品研发中心，但实际上没有发挥出对整个行业在技术输出、信息发布、管理营销经验交流、人才培训等方面的基地和摇篮作用。研发力量不强，体现在三个方面：一是专业技术人员不足，研究力量薄弱。二是先进技术运用还处在初级阶段。三是信息技术的运用程度不高。目前，黄圃镇仅有几家规模较大的腊味企业引进先进的自动化控温设备进行加工生产，其余大部分的企业仍局限于传统的加工方式，停留在初级加工阶段，未能往精深加工的方向发展。加工技术的长期落后，导致加工制品的质量水平、卫生水平难以提升，制约了黄圃腊味产品的市场竞争力和形象，制约着产业的发展壮大。

（3）竞争秩序不规范。腊味产业产品和市场雷同。行业商会缺乏一套行之有效的行业规范，对企业难以起到监督约束作用，行业内部竞争秩序比较混乱。主要有以下情况：一是企业之间为争夺市场，竞相压价。这种情况导致企业的利润下降，严重影响了企业效益。二是假冒经营，严重侵犯了守法企业的合法利益。假冒经营为了维持低价位的一定利润水平，不惜采取偷工减料、以次充好的不法手段从事生产经营活动。这在客观上造成了对内恶性竞争的局面。这种竞争的结果不是优胜劣汰，而是以资源的巨大浪费为代价的优劣并存，甚至可能出现优败劣胜或优劣两败。

（4）融资环境不宽松。融资困难目前存在几种情况：一是一些企业由于历史债务重影响了资信程度，融资能力受到严重限制；二是新办企业由于缺少不动产，难以提供抵押物，得不到银行的支持；三是腊味企业生产季节性强，旺季生产资金需求量大，融资渠道窄，融资方法不够灵活。由于上述客观原因，大部分企业完全依赖自有资金进行生产经营，扩大再生产也往往只能依靠自我积累慢慢"滚雪球"，严重影响了企业上规模、上档次。

（5）经营管理人才和技术人才缺乏，企业员工队伍不稳定且素质偏低。企业普遍反映高层次的管理、营销和技术人员难以引进，这不仅与部分高层次的管理人员和技术人员不愿意到中小企业就职有关，也与企业经营者不愿意出相应的薪水、待遇密切相关。熟练工人流失严重，影响了技术水平和劳动熟练程度的提高。由于腊味产业属于低附加值的生产行业，而且生产有季节性，旺季和淡季工人收入有一定差别，一般劳工的收入低，部分劳工会流失另谋出路；另一方面，腊味产业的技术门槛低，部分外来劳动者从业一段时间后回乡就业，造成劳动者队伍不稳定。黄圃镇腊味生产专业技术人员非常缺乏。根据对一些企业的调查，大专以上学历人员所占比例很少，这反映出黄圃镇腊味产业专业技术人员严重缺乏。

（6）企业经营者队伍素质偏低和家族式管理。企业经营者队伍素质偏低，具体表现为：部分企业经营者文化水平较低，思想守旧，停留在经验管理阶段，发展意识不强，不懂得现代营销策略和现代企业管理制度。在腊味行业中，不少经营者的文化科技水平较低，经营意识弱，对市场经济，行业法规，品牌商标，质量标准等认识不深。另一方面，这部分人受传统观念的影响，缺乏开拓创新的精神。同时，企业普遍缺乏现代经营管理知识，缺乏把企业做优做大做强的指导思想，大部分企业仍保留家庭、家族管理的色彩。家族企业的封闭性、排他性和不规范性使得对人力资源特别是职业经理人的引进难度大，即使是引进了职业经理人也难以得心应手地施展才能。

（7）缺乏团队合作精神。黄圃腊味产业目前发展最突出的问题是企业小、散、弱，缺乏协作意识和同舟共济、共同发展的观念。主要表现在：一是小而全、大而全的小农意识仍然存在。许多拥有名牌名标的企业从研发、生产到销售服务都基本是企业自己包干，既没有充分利用社会分工，又不能充分发挥自己的品牌等资源优势。二是各自为政、闭关自守的生产、经营思想还占上风。企业为了争夺市场，未能与他人联手出击，孤军作战、未能形成统一的"腊味军团"与对手竞争。三是"宁为鸡头，不为凤尾"的狭隘思想较为严重。部分小企业片面认为，品牌经营附加值高、利润大，纷纷注册品牌自己经营，既不能实现低成本扩张，又不愿意为大企业加工，造成了企业散、小、弱的局面。

第五节　大涌镇家具产业集群发展状况

大涌红木家具起步于 20 世纪 70 年代末，经过 30 多年的发展，已经闻名国内外，成为中国红木家具生产专业镇，先后获得"中国红木家具生产专业镇"、"中国红木雕刻艺术之乡"、"中国家具优秀产业集群"、"中国红木产业之都"等称号。基于中山市组织机构代码数据库，依据 GB/T 4754—2002《国民经济行业分类》，可把家具产业划分为：锯材木片加工、人造板制造、木质家具制造、竹藤家具制造、金属家具制造、塑料家具制造、其他家具制造、五金零售（包含家具零售）等 8 类，对中山市家具产业经济结构区域分布、经济行业分布、机构类型分布、经济类型分布、投资金额现状进行分析。

全市共有 2929 家家具产业组织机构（截至 2015 年 1 月 1 日），主要集中分布在沙溪镇 451 家（15.4%）、大涌镇 727 家（24.82%）、三乡镇 333 家（11.37%），3 个镇区占据了整个区域的 51.59%，见图 4.25。

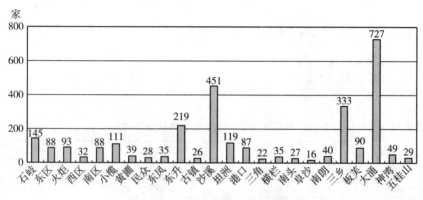

图 4.25　中山市家具产业区域分布

为图示方便用字母编号代表家具产业所涉及经济行业，如表 4.10 所示。

表 4.10　　　　　　　　**家具产业经济行业索引表**

编号	经济行业名称
A	锯材、木片加工
B	人造板制造
C	木质家具制造
D	竹、藤家具制造
E	金属家具制造
F	塑料家具制造
G	其他家具制造
H	家具五金零售

从经济行业上看，中山市家具产业的组织机构中，主要是木制家具制造机构 1427 家（48.72%）、五金零售（家具）1080 家（36.87%）、其他家具制造 222 家（7.58%）等几个领域，共计 93.17%，见图 4.26。

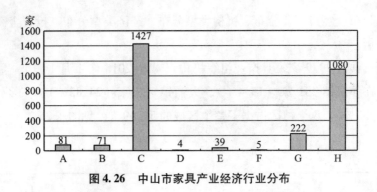

图 4.26　中山市家具产业经济行业分布

中山市主要镇区家具产业各经济行业机构构成如表 4.11 所示。

表 4.11　　　　　　中山市家具产业主要镇区各经济行业机构构成　　　　单位：家

分类	沙溪镇	三乡镇	大涌镇	中山市
锯材、木片加工	5	7	21	81
人造板制造	1	4	5	71
木质家具制造	185	181	375	1427
竹、藤家具制造	0	0	0	4
金属家具制造	1	1	1	39
塑料家具制造	0	1	0	5
其他家具制造	18	26	65	222
家具五金零售	241	113	260	1080
家具检测	0	0	0	0
合计	451	333	727	2929

一、大涌镇发展概况

大涌镇位于中山市西南部，东邻岐江河，西靠西江，南部与板芙镇接壤，北部毗邻沙溪镇和横栏镇，面积 40.66 平方公里，辖兴涌、大涌、南文、安堂、岚田、青岗、全禄、石井 8 个社区居民委员会和旗北、旗南 2 个村民委员会。2013 年年末常住人口 7.45 万人，户籍人口 2.94 万人，有海外侨胞 3 万人。2003 年起获评为中国红木家具生产专业镇、中国红木雕刻艺术之乡、广东省教育强镇、中国牛仔服装名镇、国家卫生镇、中国千强镇、全国环境优美乡镇、中国家具优秀产业集群、中国红木产业之都等称号。

二、大涌镇家具产业集群发展历程及形成原因

大涌镇家具产业集群的形成和发展路径可以描述如下[①]：

1. 雏形阶段（1979～1985 年）

20 世纪 70 年代末，大涌出现了第一批家庭作坊式的红木家具企业，它们的设备简陋，产品品种单一，市场仅限于大涌周边地区。随后吸引了越来越多的大涌人加入这一产业。在此阶段，产业组织的特征是：市场不确定性大。

2. 初步发展阶段（1986～2000 年）

80 年代中后期，企业数量增多，生产规模不断扩大，生产设备有所改善，并从福建、江浙一带请来了一批雕刻技师，开始出现了专业分工。1986～1992 年，当第一批大涌人赚到他们的第一桶金，赚钱效应的结果就是使更多的大涌人出钱投资，纷纷加入到红木家具制造产业中，在此期间，大涌红木家具产业规模得到迅速扩大。1993～1999 年年底，大涌红木家具产业在此期间走上快速发展的道路，大涌的红木家具企业在数量上和规模上都有显著提升，一共有大约 300 多家红木家具制造企业。2000 年大涌镇集资兴建隆都红木家具市场，大量红木家具企业在此附近扎堆，形成了国内外知名的"红木家具一条街"。大涌红木家具业提升到一个更高的水平，产品推陈出新，精益求精，展现了大涌红木家具文化，为未来可持续发展奠定了良好的发展基础。在此阶段，产业组织特征是：产业不断成熟，市场的不确定性与风险性大幅降低。

3. 品牌和创新发展阶段（2001 年至今）

经过多年的发展，2001 年 9 月，大涌镇被命名为广东省红木家具生产专业镇，标志着大涌红木家具产业集群进入了品牌建设阶段。同年，大涌被授予第一批"广东省技术创新试点专业镇"，红木家具工程技术中心与原中南林学院签订了首个产学研合作协议"红木家具精品的开发设计"，该镇家具产业集群进入了创新发展阶段。近年来，该镇被国家有关部门授予"中

---

① 吴凌芳：《企业集群形成和发展的力量：企业、政府与中介机构》，经济科学出版社 2008 年版，第 118 页。

国红木家具专业镇"、"中国红木雕刻艺术之乡"、"中国红木产业之都"等荣誉称号，荣获中国家具产业突出贡献奖，被确定为广东省实施技术标准战略示范区（镇）等。在此阶段，产业组织特征是：产业分工、配套日益成熟。

大涌家具的发展阶段可用表 4.12 表示。

表 4.12　　　　　　　　　大涌家具产业集群的发展阶段

分类	雏形阶段	初步发展	品牌和创新发展
时间	1979～1985 年	1986～2000 年	2001 年至今
产业组织特征	市场不确定性大（路径偶然特征）	产业不断成熟，市场的不确定性与风险性大幅度降低	产业分工、配套逐渐成熟

资料来源：吴国林：《广东专业镇：中小企业集群的技术创新与生态化》，人民出版社 2006 年版，第 132～133 页。

大涌镇家具企业集群形成和发展的原因主要有五个方面：（1）"路径偶然"现象为制度创新提供了可能，主要体现为对劳动致富的肯定，对农民产权的认同和对劳动力的解放；同时它也体现为一种制度的不均衡，对新制度产生了需求，这为大涌红木家具企业集群的形成提供了机遇。（2）一些独特的历史条件，成为大涌红木家具企业集群形成的重要原因和便利条件。例如华侨所给予的资金、大涌木雕的历史传统以及长期的物质匮乏所导致的巨大的市场需求。（3）偶然性尝试所带来的利润，以及学习效应和报酬递增机制，促使大涌红木家具企业集群的形成[1]。（4）企业集群的发展离不开作为初级行动者的企业自身的努力，包括发展企业规模、提高生产能力、改进技术和工艺、扩展市场等。作为一种报酬递增机制的集群效应也是保持集群持续发展的动力之一。（5）企业之间、政府和中介机构（如商会）之间、企业、政府和中介机构之间的合作关系受到了文化因素的影响，使得上述行动者之间形成一种弹性的、合作良好的协作网络，节约了彼此之间的沟通成本、制定合约所需成本。协作网络的存在也使企业集群的制度创新有了名义

---

① 吴凌芳：《企业集群形成和发展的力量：企业、政府与中介机构》，经济科学出版社 2008 年版，第 120 页。

上的主体，有了可行的、明晰的途径，这种途径一般是这样进行的：中介机构或企业发现或提出问题→中介机构进行论证→政府给予行政和资金支持→企业配合并投入一定资金。这种为行动者整体所默认的合作形式解决了制度创新所面对的"搭便车"问题，增强了合作，节约了形成"一致性同意"所需要的成本。协作网络能解决企业所出现的共性问题，从而为企业集群的进一步发展提供了动力。

三、大涌镇家具产业集群组织机构现状

（一）经济行业构成

从经济行业上看，截至 2015 年 1 月 1 日，大涌镇家具产业组织机构中，主要是木制家具 375 家（51.51%）、五金零售（家具）260 家（35.76%）、其他家具制造 65 家（8.94%）等，共计 96.21%，见图 4.27。

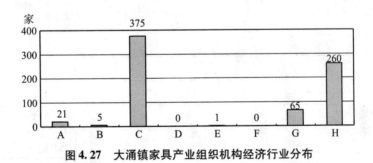

图 4.27　大涌镇家具产业组织机构经济行业分布

（二）机构类型构成

从机构类型上看，家具产业组织机构中，以经营性为主的企业、企业非法人和个体组织占主体。木制家具制造和五金零售（家具）作为大涌镇的主体产业。其中木制家具制造是：企业法人 36 家（9.6%）、企业非法人 88 家（23.47%）、个体 251 家（66.93%）。五金零售（家具）企业法人 39 家（14.94%）、企业非法人 59 家（22.61%）、个体 163 家（62.45%），见图4.28。

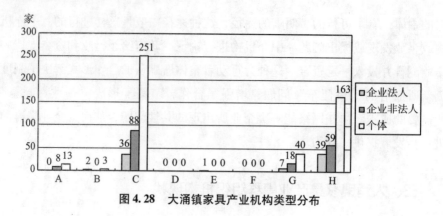

图 4.28　大涌镇家具产业机构类型分布

（三）经济类型构成

从经济类型上看，从事家具产业的组织机构中，个体经济占据了整个区域内组织机构数量的65.52%，达477家；有限责任（公司）经济占据了组织机构数量的11.54%，达84家；其他经济（除企业外）组织达167家，所占比重为22.94%，见图4.29。

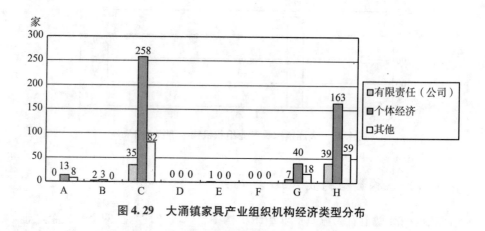

图 4.29　大涌镇家具产业组织机构经济类型分布

同时，大涌镇各个经济行业的经济类型也会存在一些差别。大涌镇家具产业主要以木制家具制造和五金零售（家具）为主，所属的经济类型也基本上以有限责任（公司）、个体经济、其他三个类别为主。其中木制家具制造业领域，有限责任（公司）35家（9.33%）、个体经济258家（68.8%）、其他82家（21.87%）；五金零售（家具），三者分别是：39家

（14.94%）、163 家（62.45%）和 59 家（22.61%）。

（四）注册资金构成

从注册资金的构成现状来看，全市家具行业的注册资金总额为 40.65 亿元，其中大涌镇的注册资金额为 1.67 亿元，所占比重为 4.1%，主要是木制家具制造 0.62 亿元（36.87%），五金零售（家具）0.94 亿元（56.19%），见图 4.30。

综上所述，大涌镇家具产业组织机构中，经济行业中以木质家具制造和五金零售（家具）为主，占 87.35%；机构类型中以企业非法人及个体为主占 90.4%，企业法人占 9.6%；经济类型中以个体经济为主，占据68.8%；注册资金规模构成中大涌镇以五金零售（家具）为主，占56.19%，木质家具制造业只占 36.87%。

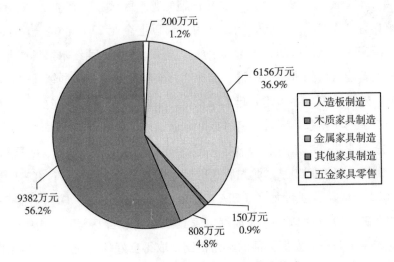

图 4.30　大涌镇家具产业注册资金构成

四、大涌镇家具产业集群发展特点

中山大涌红木家具起源于 20 世纪 70 年代，历经了 30 多年的锤炼和积累，已发展成规模化、专业化、科技化和现代化的产业集群，红木家具销售辐射全国各地。大涌红木家具的产业集群的发展特点主要有以下几个方面：

（1）生产的家具主要选用红酸枝、花梨、鸡翅、红檀、巴花等名贵木材设计制造的中高档古典家具和新中式红木家具，家具主要依靠从非洲、南美洲、东南亚等地进口。

（2）具有中国传统家具特色和浓郁的民族文化风味。以中华文化为底蕴，在历代工匠不断设计创新的基础上，广泛的吸收国际家具新潮的设计理念，结合现代人家居生活特点和装饰需求等方面的要求，采用先进的机械设备辅助加工，以精雕细刻的制作、考究的选料、典雅的设计融入深厚的民族文化传统和风土人情为内涵，从而极具实用、观赏和收藏价值，使它不但成为中国家具中的精品，也深受喜欢明式家具的外商青睐。

（3）大涌红木家具产业还是属于传统制造业，比较依赖传统的物流和销售渠道，网络化程度不高，在电子商务上开发程度不高，存在巨大的发展潜力。

（4）配套能力不断增强，产业链日趋完善，区域品牌日益凸显。目前，大涌镇共有红木家具企业335间，其中规模以上企业22间，是全国唯一拥有两个国家级区域品牌的红木家具生产专业镇。为使大涌红木家具产业的凝聚力和创新能力得到进一步增强，加速产业集群的形成，大涌镇通过实施品牌战略，效果显著。逐步建立起了以企业为主体、以市场为导向、产学研相结合的自主创新体系。同时，名牌战略全面推进，奇典居、太兴鸿发、红古轩等6家企业获得广东省名牌名标称号，鸿发、红古轩、东成、明智御品、祥兴、东洋、忆古轩7家企业先后获得行业十大名牌企业称号；红古轩更是成为2012全球家居创新大奖（GIA）中国唯一获奖单位，实现国内家具企业零的突破。2000年以后，大涌红木家具产业通过自身努力，为中小企业为主的产业集群充分发挥灵活的经营机制，取得良好的业绩的同时也不断地获得良好的口碑和社会影响力。

五、全球价值链视角下大涌镇家具产业集群发展困境及挑战

经过多年的发展，大涌镇家具产业已经形成完善的产业链专业化分工模式，配套设施逐渐完备。但是在全球价值链的形势下，产业集群的转型升级过程中还面临着很多问题，主要体现在以下几个方面：

1. 产品同质化严重

虽然大涌红木家具产业集群企业都不断将资金和精力投入在研发创新上，但相对于整个庞大的产业来讲，力量仍显薄弱，产品同质化依然严重。造成这种问题的原因主要是：一是大涌镇红木家具产业集群缺少大型龙头企业，二是红木家具设计的水平停滞不前。

2. 竞争秩序不规范

目前中国红木家具行业缺乏统一行业标准和规范，造成红木家具市场混乱，竞争秩序不规范。一方面，国家各类鉴定技术标准凌乱，对于商家和厂家来说，标准把握的可操作性很低。整个行业鱼龙混杂，缺乏统一的标准，给了奸商们以假充真、以次充好的机会与空间。另一方面，红木家具行业标准刚刚建立，有待整个产业市场去检验和推广，这是一个漫长的过程。部分中小企业为了成本或者自身利润原因，并不重视产品的质量是否符合行业标准。只有抓好行业标准这关，提升产品的质量，才能有效杜绝假货、劣质商品等，才能有效建立良好的社会市场竞争秩序。

3. 融资环境严峻

对于整个大涌红木家具行业来说，并不宽松的融资环境严重制约产业集群的进一步发展。造成这种融资环境是有多方面原因的：（1）红木家具本身的制造过程就需要大量使用价格高昂的名贵木材，资金占用量很大，对现金流的要求非常高。（2）大涌镇红木家具中小企业的财务情况并不理想。（3）现阶段国有金融机构在我国金融体制中仍是处于主导地位，人力资源丰富、资金宏厚，一般国有大中型企业、上市公司则是其重点服务的对象。

4. 企业经营者队伍素质偏低

大涌镇红木家具企业家的普遍文化素质并不高，管理队伍的个人整体文化素质严重制约和限制着大涌镇红木家具企业家经营管理理念和素质的提高。大涌红木家具企业多是家族式管理方式，管理者没有对企业整体未来发展方向目标和市场定位作全方面的考虑，所做的重要决策也缺少相应的监督和制约，这也是限制大涌镇红木家具企业发展的因素之一。

5. 区域合作精神不足

中山市除了大涌红木家具产业集群以外，还存在着三乡镇与沙溪镇的家具产业集群。三个区域位置相近，但由于每个镇对于产业发展的目标、着重点，以及相关配套设施与地理位置的不同，区域之间的合作并不多，且存在相互竞争的态势，市政府出台的整体发展政策执行起来会出现各自为政的现象，资源配置不能较为整体地合理配置，造成不必要的资源浪费。

第六节　小榄镇五金制品产业集群发展状况

依据 GB/T 4754—2002《国民经济行业分类》，五金产业可以划分为：结构性金属制品制造、金属工具制造、集装箱及金属包装容器制造、金属丝绳及其制品制造、建筑安全用金属配件制造、金属表面处理及热处理制造、不锈钢及类似日用品制品制造、金属加工机械制造、金属铸锻加工、五金交电批发和零售等 11 个经济行业类别。为图示方便，各行业类别用字母代表，对应字母编号如表 4.13 所示。中山市五金产业主要集中分布在南头镇、小榄镇、东凤镇、黄圃镇、东升镇、古镇镇和火炬开发区等几个镇区。对中山市五金产业经济结构区域分布、经济行业分布、机构类型分布、经济类型分布、投资金额现状进行分析。

表 4.13　　　　　　　　　五金产业经济行业索引

字母编号	经济行业名称
A	五金零售
B	不锈钢及类似日用金属制品制造
C	五金交电批发
D	结构性金属制品制造
E	金属加工机械制造
F	建筑、安全用金属配件制造
G	金属工具制造
H	金属表面处理及热处理加工
I	集装箱及金属包装容器制造
J	金属铸锻加工
K	金属丝绳及其制品制造

中山市各镇区 2014 年五金产业组织机构数量情况见图 4.31。全市共有
25355 家组织机构（截至 2015 年 1 月 1 日），主要集中分布在小榄镇 5196
家（20.49%）、东凤镇 1402 家（5.53%）、东升镇 1938 家（7.64%）、古
镇镇 4644 家（18.32%），4 个镇区占据了整个区域的 51.98%，见表 4.14。

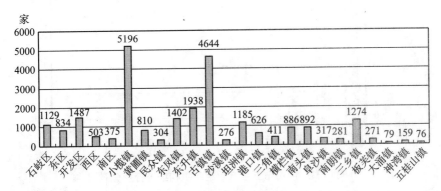

图 4.31　中山市五金产业组织机构区域分布

表 4.14　　　　　　　中山市五金行业组织机构数量情况　　　　　　　单位：家

各经济行业名称	小榄镇	东凤镇	东升镇	古镇镇	全市
结构性金属制品制造	75	35	50	46	521
金属工具制造	24	21	29	15	217
集装箱及金属包装容器制造	6	5	6	1	62
金属丝绳及其制品制造	3	3	3	0	30
建筑、安全用金属配件制造	119	24	56	22	352
金属表面处理及热处理加工	76	24	46	36	347
不锈钢及类似日用金属制品制造	2879	558	926	1143	8939
金属加工机械制造	55	35	53	11	405
金属铸锻加工	7	7	2	7	58
五金交电批发	392	167	198	702	3552
五金零售	1560	523	569	2661	10872
合计	5196	1402	1938	4644	25355

从经济行业上看，主要是不锈钢及日用金属制品制造 8939 家
（35.26%）、结构性金属制造 521 家（2.05%）、五金交电批发 3552 家

（14.01％）、五金零售 10872 家（42.88％），4 个行业共计占据了 94.2％，见图 4.32。

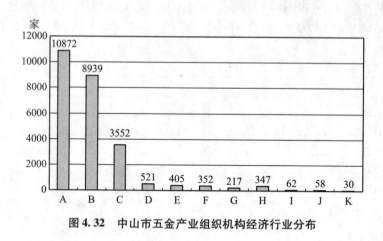

图4.32　中山市五金产业组织机构经济行业分布

一、小榄镇发展概况

被誉为"菊城"的小榄镇位于中山市北部，面积 75.4 平方公里，2013 年年末常住人口 32.09 万人，其中户籍人口 16.74 万人。基础设施完善，广珠城轨、中江高速公路、105 国道和 364 省道贯穿全镇。投资环境优越，有中国五金制品、中国五金制品（小榄锁具）出口、中国电子音响行业、中国内衣名镇等国家级产业基地 4 个①。

五金制品行业是中山市的传统产业，特别是小榄镇的五金业更是全国闻名。早在 1986 年，小榄镇就被誉为中国的"南方锁城"。经过 20 多年的发展，小榄镇五金制品行业已形成以锁具、燃气具为龙头，上、下游产品及各类配件品齐全的 10 类五金产业群。著名的品牌有"中粤"马口铁、"固力"锁具、"史丹利"工具、华锋制锁、本田制锁等。

小榄镇的经济主要以工业为主体，小榄镇是广东省五金专业镇，五金制造业是小榄的传统特色产业和重要的支柱产业，具有规模大、档次高、发展快、效益好的特点，逐步形成了以锁具、燃气具为龙头，上下游产品及各类

---

① 中山档案信息网：http://www.zsda.gov.cn/plus/view.php? aid=374597。

配件齐全的产业群，其产品在国内有着较高的市场占有率，并远销欧美、东南亚等国家和地区。华帝公司的燃气具销售市场占有率连续七年保持全国第一。中国五矿化工出口商会授予小榄镇"中国五金制品（小榄锁具）出口基地"称号。

目前，小榄镇的五金产业由锁具为主导的五金产业扩展至包括锁类、燃气具类、脚轮类、铰链类、五金压铸类、喷涂电镀类、模具类、卫浴制品类和其他五金制品类，以及五金配件类 10 小类较为完备的五金产业链条，成为小榄镇工业经济的主导产业。

二、小榄镇五金制品产业集群发展历程

五金制造业作为小榄镇的传统工业，经过多年的发展，目前已形成锁具、燃气具为龙头，上、下游产品及各类配件齐全的产业集群，生产配套能力强、规模大、档次高，发展势头良好，其产品在国内有着较高的市场占有率，并远销世界各地。小榄镇五金产业集群的形成与发展过程基本可以划分为以下四个阶段①：

1. 积累阶段（改革开放前）

小榄镇在南宋才出现第一批移民，由于对外交通不便，生活上的一些用品都要自给自足，就产生了最早的五金行业，也是小榄闻名遐迩的五金业的起源。20 世纪 50 年代起，本地五金生产由手工制作过渡到机械生产。有较好商业贸易基础的小榄吸引来自顺德、江门甚至更远的商人来进行商业贸易，同时培养了小榄人的市场经济意识和传统，为以后的经济发展打下了基础。

2. 起步阶段（改革开放 ~ 20 世纪 90 年代初）

这段时期是小榄镇工业获得较快发展时期，小榄镇五金企业数量增加较多，生产的五金产品的种类大大扩展，从改革开放前的主要以铁木农具为主扩展到灯饰五金配件、锁具、燃气具等。这一阶段，集群主要进行产业的初期集聚，产业分工还不充分，企业的技术水平相对较低，以劳动密

---

① 杜小刚：《中山市产业集群的形成与发展》中山大学博士论文，2005 年。

集型为主，企业更多的精力还停留在企业之间的产品竞争和企业生存上。也正是这段时间经济发展成就的积累，才有了后来小榄镇工业发展的腾飞。

3. 腾飞阶段（20 世纪 90 年代初～2000 年前后）

这段时期小榄镇的五金企业数量和质量有了一个大的发展和提高。在宏观经济层面，首先由于邓小平鼓励珠三角改革步伐迈得更大一点、更快一点，从而大大刺激了珠三角经济的发展；其次是全国经济的较快增长、人均国民收入的较大提高，使人民对生活消费品需求的数量和档次也逐渐提高，这导致与当时高速发展的房地产业直接相关的五金产品的需求大增。而发展历史较长的小榄镇五金产品由于质量过硬，获得了相对于国内其他同类产品产地的先发优势和比较优势。90 年代中后期中山市进行了以企业产权改革为核心的经济体制改革，最终确立了民营经济的主导地位，企业产权的确定，从根本上解决了企业产权模糊、企业经营缺乏自我驱动力的问题。在这一发展阶段，小榄镇五金企业发展的最突出特点就是新生企业数量多，成功存活企业数量多，产值和从业人员数持续攀升，集群的集聚效应凸显。在 90 年代，小榄镇已经形成了包括锁具、燃气具、卫浴制品、金属压铸加工、模具生产以及其他五金制品和配件的产业链。集群内产业分工细化，企业技术实力、生产效率明显提高，随着产业细分，企业之间的合作普遍而高效。

4. 成熟阶段（2000 年前后至今）

地方市、镇两级政府从 2000 年开始积极建立并完善了五金产业发展五大服务平台（技术平台、资金平台、销售平台、物流平台和辅助平台），提高了当地五金产业的技术能力和整体竞争力。集群内企业改变粗放规模的增长方式，追求技术创新和高附加值，五金产业集群实现跨越，从体制创新、技术创新到管理创新，围绕提高集群的研发创新能力，积极进行平台建设，培育引进人才队伍，促进了集群的质变和跨越，促进了"小企业、大协作；小产品、大市场；小集群、大产业"的产业模式的形成，产业发展步入了成熟健康的轨道[①]。

---

① 芦彩梅、梁嘉骅：《产业集群协同演化模型建立分析——以中山小榄镇五金集群为例》，载于《中国软科学》2009 年第 2 期，第 147～148 页。

三、小榄镇五金制品产业集群组织机构现状

（一）经济行业分布

从经济行业上看，截至 2015 年 1 月 1 日，小榄五金产业组织机构中，从事不锈钢及日用金属制品制造的有 2879 家（55.41%），从事建筑安全用金属配件制造的有 119 家（2.29%），从事五金交电批发的有 392 家（7.54%），从事五金零售的有 1560 家（30.02%），4 个行业共计占据 95.26%，见图 4.33。

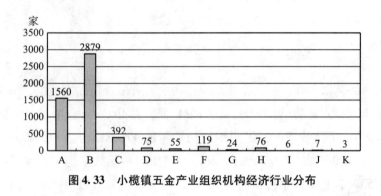

图 4.33 小榄镇五金产业组织机构经济行业分布

（二）机构类型

从机构类型上看，五金产业组织机构中，属于以经营性为主的企业、企业非法人和个体组织占主体。2014 年全市从事五金经济的企业法人达 7810 家，占据了整个产业的 30.8%，其中位于小榄镇的有 1244 家，占全市企业法人组织机构数量的 15.93%；企业非法人 5953 家，占据了整个产业的 23.48%，其中，小榄镇达 1955 家，所占比重为 32.84%；个体 11526 家，占据了整个产业的 45.46%，其中，小榄镇达到 1955 家，比重为 16.96%，三大主体机构类型比例相当，比较稳定，见图 4.34。

在小榄镇区域内，各个经济行业所属机构类型有所不同。不锈钢制品制造行业，三者分别为：企业法人 544 家（18.90%），企业非法人 1470 家

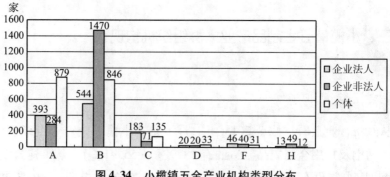

图4.34 小榄镇五金产业机构类型分布

（51.06%），个体846家（29.39%）；五金零售业，三者分别为：企业法人
393家（25.19%）、企业非法人284家（18.21%）、个体879家
（56.35%）。

（三）经济类型

从经济类型上看，五金产业组织机构中，有限责任经济占据了整个区域
内组织机构数量的30.86%，达7824家，其中，小榄镇的为1269家
（16.22%）；个体经济占据了组织机构数量的47.08%，达11937家，其中
小榄镇的为2094家（17.54%）；集体经济组织机构数量为133家，所占比
重为0.53%，其中，小榄镇的为16（12.03%）比重较低；外商投资经济和
港、澳、台地区投资经济共242家，所占比重为0.95%，比重较低，其中
小榄镇的为34家（14.05%）；其他经济（除企业外）达5174家，所占比
重为20.41%，其中，小榄镇的为1763家（34.07%），见图4.35。

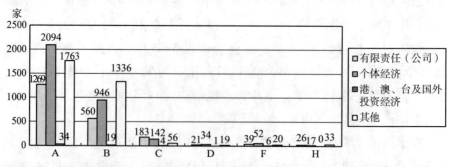

图4.35 小榄镇五金产业组织机构经济类型分布

在小榄镇区域，各个经济行业的组织机构所属经济类型也有所不同。在不锈钢制品制造业，有限责任（公司）为 560 家（19.55%），个体经济 946 家（33.03%），其他（除企业外）为 1336 家（46.65%）；五金零售行业，有限责任（公司）为 398 家（25.56%），个体经济 884 家（56.78%），其他 269 家（17.28%）。

（四）注册资金构成

从注册资金的构成现状来看，五金零售以所占比重为 76.2% 位居五金产业投资金额之首；其次是五金交电批发和不锈钢金属制品制造加工，所占比重为 8.7% 和 10.4%，前两个是服务业，后一个是加工业，所占比重达 95.3%，总金额高达 379.33 亿元。其中，小榄镇的注册资金额为 16.3 亿元，所占比重为 4.1%，主要是不锈钢及类似日用金属制品制造 5.25 亿元（32.7%），五金交电批发 4.39 亿元（27.3%），建筑安全用金属配件制造 4.485 亿元（27.9%），见图 4.36。

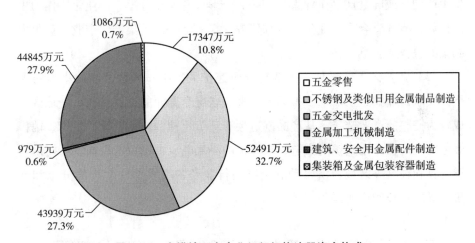

图 4.36　小榄镇五金产业组织机构注册资金构成

小榄镇五金产业组织机构中，经济行业以不锈钢日用金属制品制造和五金零售为主，占 85.43%；机构类型中以企业非法人和个体为主，分别占 37.82%、37.63%，企业法人占 23.94%，主要是不锈钢日用金属制品制造和五金零售为主；经济类型中，以有限责任（公司）、个体经济和其他经济为主，占据 99.01%；注册资金规模构成中以不锈钢日用金属制品制造、五金交电批发、建筑安全用金属配件制造为主，分别占 32.7%、27.3%、27.9%，五金零售只占 10.8%。

四、小榄镇五金制品产业集群发展特点

纵观小榄镇五金产业的发展历程，小榄镇五金产业集群的形成和发展是市场机制与政府推动的共同结果，利用历史机遇与自身条件是其成为五金业龙头的关键因素。小榄镇五金产业集群的发展主要表现出以下特点：

（1）涉及行业和区域不断拓展，规模不断壮大。改革开放以来，小榄镇五金企业的数量增加较多，五金产品的种类也逐渐从改革开放前的铁木农具扩展到灯饰五金配件、锁具、燃气具等。小榄五金产业集群的规模不断壮大，五金制品产量在全国五金产业中占有较高的比重。

（2）聚集效应日益突出，辐射能力逐步增强。小榄五金产业集聚使大量生产同类或配套产品企业聚集在一起，形成专业化分工、产业化协作的生产格局，有效整合了产业集群内部资源，极大地提升了集群内企业的竞争力和集群整体的影响力。

（3）产业链不断延伸，产业规模迅速扩大。小榄五金产业的集聚对上下游关联产业的迫切需求，推动了众多关联配套产业的发展，在一个地区形成较为完整的产业链条，从产品制造生产环节延伸到产品设计、生产、销售服务的全过程。南头镇的家电、东凤镇的小家电、古镇镇的灯饰、小榄镇的燃气具和锁具等区域经济带动五金制品行业及各类零部件生产的分工和聚集，形成较长的产业链条。

五、全球价值链视角下小榄镇五金制品产业集群发展困境

五金产业属于传统制造行业，在全球价值链发展模式冲击下，面临着新一轮的转型升级。在五金制品产业集群转型升级过程中，小榄镇仍面临着一些困境，主要表现在：

（1）当地政府规划引导不够。存在产业发展规划、产业配套工作的滞

后，使集群内企业大多数都停留在加工生产环节。不少五金制品企业的基础设施规划建设也没有跟上，污水处理设施不全，很大程度上影响了土地集约化利用，环境污染比较严重，不利于经济社会的可持续发展。

（2）产业整体自主创新能力不强。总体来说，小榄镇的五金制品企业自主创新能力不强，很多企业生产主要是以对适用、简单技术的应用为主，且模仿多于创新产品，技术含量较低。在现有的产业集群中，拥有自主知识产权、自主品牌、核心竞争力的龙头型企业不多。由于多数企业没有核心技术，大多停留在低水平的往返式生产上，因此抗风险能力较差，整体竞争力较弱。

（3）公共服务供给不足。目前，小榄五金产业集群内部的公共产品供给不足，关联产业和支持产业比较缺乏，集群内技术、标准、质量检测、知识产权、法律、物流、教育培训、融资担保等服务机构和中介组织尚未健全。产业工人培训力度也亟待加大，以有效缓解技术工作及中高级技术人员的供需矛盾。

第五章

全球价值链视角下中山市产业
集群升级现状及影响因素

第一节　中山市产业集群升级研究设计与调查

一、研究方法的确定

第三章从整体上介绍了中山市产业集群发展的概况，第四章介绍了中山市具有代表性的 6 个产业集群发展状况，主要采用的是文献研究法。为了从整体上定量了解、探索中山市各产业集群升级的状况及其影响因素，必须科学设计、精心选择研究方法，合理分配、有效利用各种资源，实现研究效益的最大化。文献研究法不受时空限制、不受研究对象"反应"的干扰、信息容量大、成本经济节约；但文献往往具有一定的历史局限性，取得第一手资料难度大，特别是对特定的研究目的而言，数据资料可能缺乏系统性，影响了研究的深入。因此，对产业集群升级现状及影响因素的研究，通过问卷调查的方式进行。问卷调查法效率较高、费用较低、能够进行大样本的调查研究，由于问卷往往根据特定的目的设计，因而问卷调查的结果更是便于统计处理和分析。

二、调查问卷的设计

在明确了研究目的，确定了研究的方法为问卷调查法后，最为迫切和重要的就是合理设计调查问卷。

问卷的设计必须坚持全面性原则，科学地构建问卷的框架体系，合理确定问题的数量，确保问卷能够比较全面地客观反映中山市产业集群升级的不同方面及不同的影响因素。根据产业升级的内涵及中山市产业集群升级的特点，产业集群升级具体包括产品升级、产业链升级、价值链升级、企业能力升级、企业网络地位升级以及关联与外溢效应升级。对中山传统产业集群升级状况的调查将在全球价值链视角下从前述五个方面来界定和评价。设计的问题，既要考虑正面收益，也要考虑负面风险，只有全方位的调查才能保证研究的科学性。当然，并不是说问卷越复杂越好，问题的数量要适当，设计的问卷目的是完整地、多方面地反映中山产业集群升级状况，关键的是考虑到各指标在研究中所起的作用大小。

设计问卷时必须基于研究需要选择恰当的评价指标。在选择评价指标时，不可能事无巨细，面面俱到。如果将反映产业集群升级的多项指标一并罗列，既无法突出综合指标的高度概括功能和在研究中的作用，也夸大了一些具体指标对评价工作的影响程度，造成评价判断逻辑不清、主次不明，难以实现全面准确反映中山市产业集群升级的基本状况。要尽可能筛选与目标关联最紧密的重要指标，指标设置数量要尽可能精简和概括，对于次要指标可以进行适当粗略化。对产业集群升级的研究应该在同一个维度进行，但对于同一维度内同一指标的差异也要能够清楚地显现出来。也就是说，要想确切了解企业、产业集群转型升级的状况，指标就必须可以清楚界定、可度量。在设计指标时，本研究以产业集群升级的内涵为基础，使问卷中涉及的指标能够准确地反映其理论含义和现实的情况。

问卷的设计必须考虑调查的可行性和便利性。调查问卷的题型可以分为单项选择题、多项选择题以及开放性问题等。考虑到企业的高层人员工作较为繁忙，因此在设计问卷时，问题以单项选择题为主，把题型设计简单目的是与争取调查对象更好的配合，以保证问卷回收的数量和质量。此外，为了提高问卷的科学性，2014 年 5 ~ 6 月间，课题组采用初始拟订的问卷进行了面对面预调查活动，调查了大约 50 家企业，根据调查对象的反馈，对初始问卷进行了修改。

三、调研过程

本次调研在借鉴相关研究的基础上，根据中山市产业集群特点，区位优势及产业升级的优势，设计符合中山市实际的调研问卷，主要通过中山市质量技术监督局委托中山市镇区经信部门、中山市质量计量监督检测所委托各行业协会等，向中山市灯具产业集群、家用电器产业集群、五金家电产业集群、家居家具产业集群等代表性企业发放，目的是调研这些具有中山特色的产业集群的升级现状。

本次调查采用了问卷调查、走访座谈以及电话调查等多种形式进行，其中，问卷调查是最主要的方式。在 2014 年 9 ~ 11 月进行了正式的问卷调查，发放问卷 230 份，收回问卷 170 份，其中有效问卷 162 份，行业涉及灯具制造、家用电器、五金、家居、服装等，能比较全面地代表中山市产业集群及升级现状。

第二节 全球价值链视角下中山市传统产业集群升级现状分析

本次问卷调查共发放调查问卷 230 份，回收问卷 170 份，问卷回收率为 77.27%；回收的问卷中有效问卷 162 份。笔者对采集到的有效问卷的数据采用 SPSS 统计软件进行统计分析，如表 5.1、图 5.1 所示。

表 5.1　　　　　　　　　被调查企业集群分布情况

产业名称	家用电器	纺织服装	食品加工	灯饰光源	电子电信	装备制造	企业总数
数目（家）	67	18	24	17	14	22	162
占比（%）	41.36	11.11	14.81	10.49	8.64	13.58	100.00

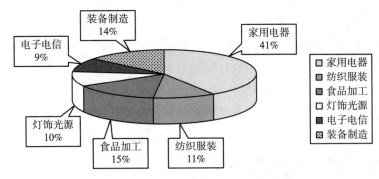

图 5.1　被调查企业集群分布情况

一、产品升级现状

在给课题组提供了有效问卷的被调研企业中，与初期产品相比，有 38.86% 的企业实现了升级换代；有 22.27% 的企业产品与初期一样，基本属于同一技术层次；有 5.68% 的企业则认为自己的产品竞争力较强，不需要升级换代；有 14.22% 的企业面临升级换代。从调查结果的数据来看，被调研企业的升级态势比较乐观，只有略微超过 1/5（为 22.27%）的企业产品跟初期产品一样，处于同一技术层次。而绝大多数企业的产品实现了升级换代或者因其产品竞争力较强而不需要升级换代，如表 5.2 所示。

表 5.2　　　　　　　　　　被调查企业产品升级情况

分类	企业数（家）	占样本比例（%）
与初期产品相比，实现升级换代	82	38.86
与初期产品相比，基本属于同一技术层次	47	22.27
竞争力强，不需要升级换代	12	5.68
与国内产品相比，实现升级换代	40	18.96
面临升级换代	30	14.22
接受此项调查企业	211	100.00

二、价值链升级现状

（一）基本生产环节

在给课题组提供了有效问卷的被调研企业中，从表 5.3 和图 5.2 可以看出，从事产品装配的企业为36.42%；有9.88%的企业从事一般零部件的生产；同样，有9.88%的企业从事关键中间投入品的生产；有43.83%的企业则已经进入最终产品的生产阶段。后三者合计为63.58%。从上述数据可以发现，中山市的传统企业虽然有一部分在产业链中从事简单的产品装配，但总体而言，已经超越了简单的产品装配环节，开始向更高阶的产业链环节跃进。同时，从表5.4可以看出，有94.44%的企业已经沿着"装配——般零部件生产—关键中间投入品生产—最终产品生产"的路径进行提升。

表5.3　　　　　　　　　　被调查企业产品生产链环节

分类	企业数（家）	占样本比例（％）
产品装配	59	36.42
一般零部件生产	16	9.88
关键中间投入品生产	16	9.88
最终产品生产	71	43.83
接受此项调查企业	162	100.00

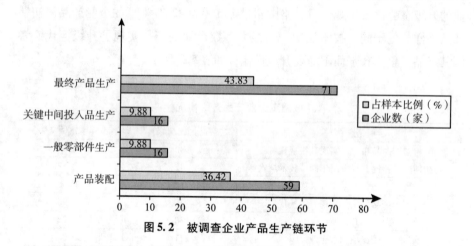

图5.2　被调查企业产品生产链环节

表5.4　　　　　　　　　　被调查企业沿生产链升级状态

分类	企业数（家）	占样本比例（％）
提升	153	94.44
不提升	6	5.56
接受此项调查企业	159	100.00

（二）生产模式

在给课题组提供了有效问卷的被调研企业中，从表5.5和图5.3可以看出，有40.76%的企业从事技术含量较低的简单产品装配，有25%的企业采用代工生产模式；而采用原始设计商生产模式的企业有11.96%，采用原是品牌生产商生产模式的企业则有22.28%。从上述数据可以发现，中山市传统产业中还是有较大比重处于简单的产品装配环节，但是脱离简单的产品装配环节的企业还是占大比重。另外，从表5.5和图5.4可以看出，在给课题组提供了有效问卷的被调研企业中，只有3.7%的企业不准备提升生产模式，而其余的企业中，有15.43%的企业已经提升到一定的程度，有54.32%的企业已经开始提升，有26.54%的企业处于提升前准备阶段。从上述数据可以看出，中山市的绝大多数传统产业集群企业已经开启了升级模式，并且前景比较乐观。

表5.5　　　　　　　　　　被调查企业生产模式升级状态

分类	企业数（家）	占样本比例（%）
已经提升到一定的程度	25	15.43
已经开始提升	88	54.32
提升前准备阶段	43	26.54
不准备提升	6	3.70
接受此项调查企业	162	100.00

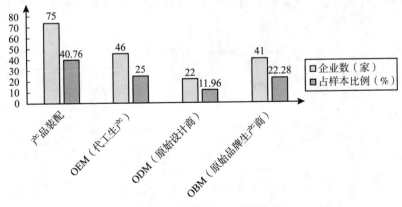

图5.3　被调查企业生产模式

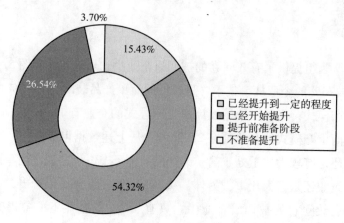

图 5.4   被调查企业生产模式升级状态

（三）研发、营销与品牌建设环节

在给课题组提供了有效问卷的被调研企业中，从表 5.6 和图 5.5 可以看出，所有的企业都拥有生产环节，拥有销售环节的企业有 64.44%，而 41.24% 的企业拥有研发环节。除了 13.4% 的企业仅拥有生产环节外，其余的企业都拥有比生产环节更高阶段的环节。这些数据说明，中山市传统企业已经开始进行品牌建设活动，是一个较好的趋势。从表 5.7 和图 5.6 中可以发现，有 56.19% 的企业使用自己的品牌，使用海外订货商（或其指定）品牌的企业有 12.37%，使用国内订货商（或其指定）品牌的企业有 22.68%，而使用海外母公司品牌的企业仅有 8.76%。上述数据表明，有超过半数的中山市传统企业使用自己的品牌，这些企业的品牌建设已经有了很大的跃升。

表 5.6   被调查企业研发、营销环节情况

分类	企业数（家）	占样本比例（%）
国内仅有生产环节	26	13.40
有生产、研发环节	11	5.67
有生产、销售环节	56	28.87
有生产、销售、研发环节	69	64.44
接受此项调查企业	162	100.00

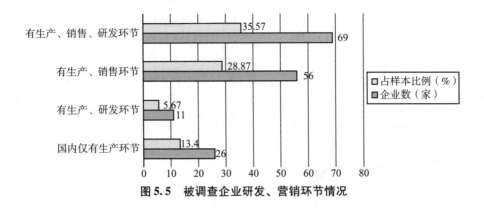

图 5.5　被调查企业研发、营销环节情况

表 5.7　　　　　　　　　　　被调查企业品牌使用情况

分类	企业数（家）	占样本比例（%）
海外母公司的品牌	17	8. 76
用海外订货商（或其指定）的品牌	24	12. 37
用国内订货商（或其指定）的品牌	44	22. 68
用自己的品牌	109	56. 19
接受此项调查企业	194	100. 00

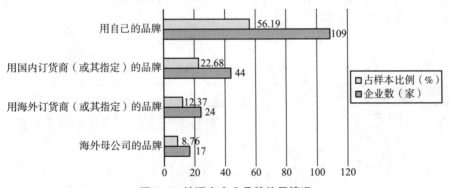

图 5.6　被调查企业品牌使用情况

可以看到，中山市传统企业的品牌建设有了很大的跃升，而更为乐观的是，在接受调研的 162 家企业中，有 73.46% 的企业计划在未来 2~3 年加强自身品牌建设。用发展的眼光来看，中山市传统产业集群的升级潜力及其对中山市经济的推动作用将不可估量，如表 5.8 所示。

表5.8 　　　　　　　未来2～3年加强自身品牌建设企业

分类	企业数（家）	占样本比例（%）
有此计划	119	73.46
无此计划	43	26.54
接受此项调查企业	162	100.00

三、企业能力升级现状

（一）企业的技术能力

在给课题组提供了有效问卷的被调研企业中，从表5.9和图5.7中可以看出企业对自身技术水平的评价，仅有2.47%的企业认为自己的技术处于国际领先水平，也仅有4.32%的企业认为自己的技术水平可以填补国内空白，而认为自己的技术水平处于国内先进水平的企业则有41.36%，认为自己的技术水平还处于国内一般水平的企业有51.85%。综合而言，中山市传统产业集群中的企业的技术水平尚须进一步提升，略微超过半数的企业处于国内一般水平。

表5.9 　　　　　　　被调查企业现有技术水平

分类	企业数（家）	占样本比例（%）
世界领先水平	4	2.47
填补国内空白	7	4.32
国内先进水平	67	41.36
国内一般水平	84	51.85
接受此项调查企业	162	100.00

如果说企业现有技术水平是从技术本身来考察企业的技术能力的话，那么技术来源、技术开发和专利申请则是考察企业技术能力的显性指标。在给课题组提供了有效问卷的被调研企业中，从表5.11和图5.8中可以看出，在市场上购买技术的企业只有26.54%，其中在国际市场购买的企业有4.32%，

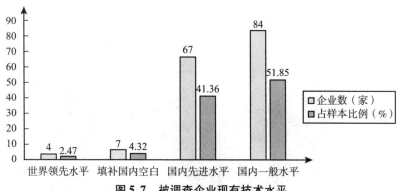

图 5.7 被调查企业现有技术水平

在主要国内市场购买的企业有 22.22%；而其余的企业均依赖不同程度的研发，有 61.73% 的企业依赖自主研发获得技术，有 11.73% 的企业则进行委托开发或合作开发，而有 21.60% 的企业进行模仿或二次创新。从上述数据可以看出，中山市传统产业集群企业的研发能力较好。表 5.11 和图 5.9 则展示了被调查企业的技术开发情况，可以看到，没有技术开发机构的企业仅有 19.14%；其余企业均有技术开发机构，其中，有开发机构并能提高企业所需大部分技术的企业有 38.89%，而有 31.48% 的企业有开发机构但只能提高企业所需少部分技术，有技术开发机构并出售专利的企业有 10.49%。从表 5.12 可以发现，拥有自主专利及技术发明的企业有 51.85%，略微超过没有拥有自主专利及技术发明的企业，而后者为 48.15%。这些数据都说明中山市企业的研发现状较为乐观。

表 5.10   被调查企业技术主要来源

分类	企业数（家）	占样本比例（%）
国际市场购买	7	4.32
主要国内市场购买	36	22.22
企业自主研发	100	61.73
委托开发或合作开发	19	11.73
模仿或二次创新	35	21.60
接受此项调查企业	162	100.00

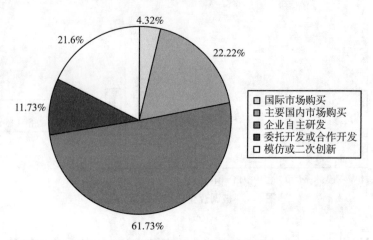

图 5.8　被调查企业技术主要来源

表 5.11　　　　　　　　　　被调查企业的技术开发

分类	企业数（家）	占样本比例（％）
有开发机构并能提高企业所需大部分技术	63	38.89
有开发机构但只能提高企业所需少部分技术	51	31.48
有技术开发机构并出售专利	17	10.49
没有技术开发机构	31	19.14
接受此项调查企业	162	100.00

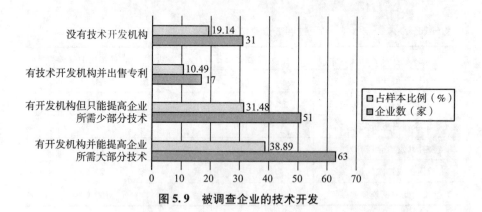

图 5.9　被调查企业的技术开发

表 5.12　　　　　　　　　　拥有自主专利及技术发明企业

分类	企业数（家）	占样本比例（%）
有	84	51.85
无	78	48.15
接受此项调查企业	162	100.00

（二）企业管理能力

在给课题组提供了有效问卷的被调研企业中，表 5.13 显示了被调查企业高层管理人员来源情况，可以看出，仅有 10.49% 的企业的中高管理层人员聘用了境外人士，而 89.51% 的企业则使用了中国大陆人士。

表 5.13　　　　　　　　　被调查企业高层管理人员来源

分类	企业数（家）	占样本比例（%）
境外人士	17	10.49
中国大陆人士	145	89.51
接受此项调查企业	162	100.00

表 5.14、表 5.15 和图 5.10 显示了企业人员培训情况的调查结果。从表 5.14 可以看出，在被调研企业中，国内培训是主要的培训方式，有 80.86% 的企业使用这种方式，而只有 19.14% 的企业使用境外培训。从表 5.15 和图 5.10 来看，大部分企业的培训时间在 1~2 星期，而培训时间在 3 天以下的企业的比重较小。

表 5.14　　　　　　　　被调查企业高层管理人员培训情况

分类	企业数（家）	占样本比例（%）
境外培训	31	19.14
国内培训	131	80.86
接受此项调查企业	162	100.00

表 5.15   被调查企业高层管理人员平均每人每年培训时间

分类	企业数（家）	占样本比例（%）
3 天以下	12.35	12.35
3~7 天	27.78	27.78
1~2 个星期	36.42	36.42
2~3 个星期	23.46	23.46
3 个星期以上	23.46	23.46
接受此项调查企业	162	100.00

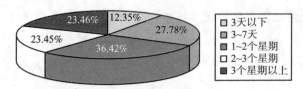

图 5.10   被调查企业高层管理人员平均每人每年培训时间

从管理实践中看，生产运作和管理能力可以通过生产方式在一定程度上得到反映，二者是衡量企业管理水平的一个重要方面。从表 5.16 和图 5.11 可以看出，在给课题组提供了有效问卷的被调研企业中，企业的生产技术无任何技术的只占 4.28%，有 11.23% 的企业使用手工工艺，有 18.18% 的企业使用单机器生产，而有 66.31% 的企业使用流水线作业，高技术型的企业也仅占 9.63%。上述数据说明，中山市传统企业在利用先进生产技术方面表现不错。

表 5.16   被调查企业主要生产方式

分类	企业数（家）	占样本比例（%）
无任何技术	8	4.28
手工工艺	21	11.23
单机器生产	34	18.18
流水线作业	124	66.31
高技术型	18	9.63
接受此项调查企业	187	100.00

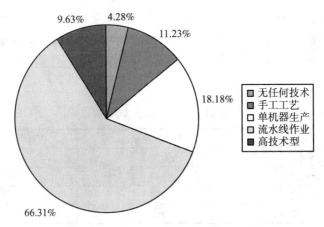

图 5.11　被调查企业主要生产方式

实施国际标准是反映企业技术管理水平的另一个方面。从表 5.17 中可以发现，在给课题组提供了有效问卷的被调研企业中，有 47.14% 的企业拥有 ISO9000 质量体系认证，有 22.03% 的企业拥有 ISO14000 质量体系认证，有 11.45% 的企业拥有 OHSAS18000 职业健康安全管理体系认证。总体来看，中山市传统企业实施国际标准情况良好。

表 5.17　　　　　　　　被调查企业的各种认证情况

分类	企业数（家）	占样本比例（%）
拥有 ISO9000 质量体系认证	107	47.14
拥有 ISO14000 质量体系认证	50	22.03
拥有 OHSAS18000 职业健康安全管理体系认证	26	11.45
其他	44	19.38
接受此项调查企业	227	100.00

四、企业网络地位升级现状

从直接客户的情况来看，中山市传统产业集群在全球价值链中的地位虽然有待改善，但是已经大为提高。从表 5.18 来看，在给课题组提供了有效问卷的被调研企业中，有 19.70% 的企业的主要客户为国际企业，有 24.75% 的企业的主要客户为大型国有企业，而有 55.56% 的企业的主要客户为中小型国内企业。上述数据表明，经过若干年的高速发展，中山市传统产业集群企业已经开始融入全球化中，已经在全球价值链中占据重要地位。

表5.18 被调查企业主要直接客户

分类	企业数（家）	占样本比例（%）
国际企业	39	19.70
大型国内企业	49	24.75
中小型国内企业	110	55.56
接受此项调查企业	198	100.00

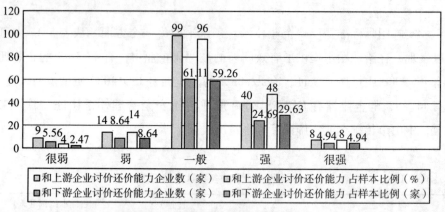

图5.12 被调查企业讨价还价能力

从企业的讨价还价能力也可以看出，中山市传统产业集群在全球价值链中的谈判地位已经大为提高。从表5.19和图5.12来看，在给课题组提供了有效问卷的被调研企业中，有29.63%的企业认为自己与上游企业的讨价还价能力强或者很强，而认为自己与上游企业的讨价还价能力一般或以下的企业占70.37%；有34.57%的企业认为自己与上游企业的讨价还价能力强或者很强，而认为自己与上游企业的讨价还价能力一般或以下的企业占65.43%。从上述数据可以看出，中山市传统产业集群企业在全球价值链中的地位还具有较大提升空间，有待改善。

表 5.19   被调查企业讨价还价能力

分类	和上游企业讨价还价能力		和下游企业讨价还价能力	
	企业数（家）	占样本比例（%）	企业数（家）	占样本比例（%）
很弱	9	5.56	4	2.47
弱	14	8.64	14	8.64
一般	99	61.11	96	59.26
强	40	24.69	48	29.63
很强	8	4.94	8	4.94
接受此项调查企业	162	100	162	100.00

注：上游：强 + 很强 = 24.69 + 4.94 = 29.63（%）；下游：强 + 很强 = 29.63 + 4.94 = 34.57（%）。

五、关联与外溢效益升级现状

（一）当地产业与配套产业发展情况

在全球价值链下，传统产业集群产生关联和外溢效应的主要途径和直接渠道是，通过原材料和零部件采购来推动当地产业与配套产业发展。

表 5.20、表 5.21 与表 5.22 显示了中山市传统产业集群企业的原材料和零部件采购情况的调查结果。从表 5.20 来看，在给课题组提供了有效问卷的被调研企业中，有 72.11% 的企业选择在国内采购原材料和零部件，有 11.05% 的企业的原材料和零部件由订购方提供，有 16.84% 的企业的原材料和零部件由国际进口。表 5.21 和图 5.13 则从具体采购比例来说明中山市传统产业集群企业的原材料和零部件的采购情况，可以看出，国内采购的比例较大。表 5.22 说明了被调查企业原材料与零部件的类型情况，其中，有 41.98% 的企业的原材料与零部件的类型为初级产品，有 37.65% 的企业的原材料与零部件的类型为零部件与劳动密集型中间产品，有 20.37% 的企业的原材料与零部件的类型为资本密集型与技术密集型中间产品。

表 5.20   被调查企业原材料与零部件来源

分类	企业数（家）	占样本比例（%）
订购方提供	21	11.05
国际进口	32	16.84
中国国内采购	137	72.11
接受此项调查企业	190	100.00

表 5.21   被调查企业原材料与零部件国内采购比例

分类	企业数（家）	占样本比例（%）
10%以下	7	4.32
10%~25%	7	4.32
25%~40%	18	11.11
40%~55%	5	3.09
55%~70%	12	7.41
70%~85%	28	17.28
85%以上	85	52.47
接受此项调查企业	162	100.00

表 5.22   被调查企业原材料与零部件的类型

分类	企业数（家）	占样本比例（%）
初级产品	68	41.98
零部件与劳动密集型中间产品	61	37.65
资本密集型与技术密集型中间产品	33	20.37
接受此项调查企业	162	100.00

　　表 5.23 给出的是被调查企业采购机器设备来源，在给课题组提供了有效问卷的被调研企业中，有 82.72% 的企业从大陆企业购买机器设备，而仅有 17.28% 的企业从国外企业购买机器设备。

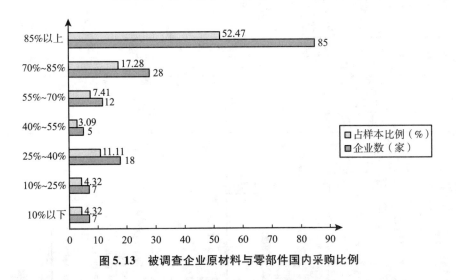

图 5.13　被调查企业原材料与零部件国内采购比例

表 5.23　　　　　　　　　　被调查企业采购机器设备来源

分类	企业数（家）	占样本比例（%）
国外企业	28	17.28
中国大陆企业	134	82.72
接受此项调查企业	162	100.00

（二）员工流动情况

随着产业的不断发展，技术外溢的重要间接渠道是对当地人力资源的培养和人力资源的流动。表 5.24 和图 5.14、表 5.25 是对中山市传统产业集群企业的员工流动情况的调查结果。从表 5.24 和图 5.14 可以看出，在给课题组提供了有效问卷的被调研企业中，最为常见的员工流动率是 5%～10% 这个区间，反映出这些企业的员工队伍基本稳定。从表 5.25 和图 5.15 则可以看出，技术与管理人员主要流动方向为集体、私营企业，比例为 58.02%，自己创业的为 23.46%，可以看出，技术外溢的效果比较明显。

表 5.24　　　　　　　　　　被调查企业员工流动比率

分类	企业数（家）	占样本比例（%）
3%以下	23	14.20
3%～5%	27	16.67

分类	企业数（家）	占样本比例（%）
5%～10%	60	37.04
10%～15%	26	16.05
15%以上	26	16.05
接受此项调查企业	162	100.00

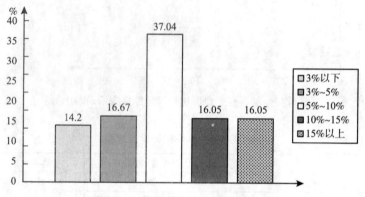

图 5.14　被调查企业员工流动比率

表 5.25　　　　　　　被调查企业技术与管理人员主要流动方向

分类	企业数（家）	占样本比例（%）
外资企业	24	14.81
国有企业	6	3.70
集体、私营企业	94	58.02
自己创业	38	23.46
接受此项调查企业	162	100.00

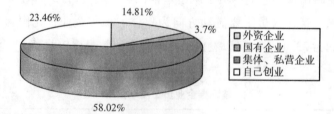

图 5.15　被调查企业技术与管理人员主要流动方向

第三节　全球价值链视角下中山市传统产业集群升级影响因素分析

一、因素影响模型

迈克尔·波特（Michael Porter）在20世纪80年代初提出了著名的"五力模型"，通过分析市场竞争中各种力量及其特点来探讨公司所面对的竞争环境及在特定环境中所采取的竞争战略。"五力模型"主要从五种影响竞争情形进行分析：现有行业中各企业之间的竞争方式、竞争手段、竞争状态等；市场中潜在的竞争对手的实力、新兴的竞争方式等的威胁；是否有相近的替代的商品及其服务；与上游供应商价格谈判过程中，所面对的压力及主动性；与下游产业如消费者的势力的对比，是否具有定价能力等。由于波特的"五力"分析法描述的是各个产业中的企业平均盈利能力，并不是单个企业竞争能力指标，常常用来进行某个产业的评估。因此，"五力模型"是关系一个国家的产业或产业集群能否成功升级的关键。

本书借鉴"五力模型"理论，并结合中山传统产业集群的升级环境、产业特殊性及学者对产业集群升级影响因素的研究，依据各个影响产业竞争态势的因素，分析中山市特有的产业在集群中所形成的特点，划分为不同类别的标准：将影响中山传统产业升级形成和发展的因素归结为社会文化网络、经济实力积累、区位合理布局、创新能力、同行企业协作等五大类。在研究过程中，我们根据中山实际的经济、文化及社会发展水平、产业发展水平等方面，将五类影响因素进行了更为系统的分类，具体细分为20个次影响因素，确定相对应的指标。

（1）社会文化网络，主要指该产业所处的社会结构、社会风俗和习惯、信仰和价值观念等。本书的社会文化网络综合考虑了当地的社会文化传统对产业的影响；政府、企业联盟等各种组织对产业集群升级的影响，包括企业间能否达成一定的信任和协调、政府宏观经济发展战略、制度环境、地方招商引资政策等因素。在本调查中用当地优惠政策、政府宏观发展战略、当地企业文化、当地行业文化的作用等指标来表示。

（2）经济实力积累，主要考虑经过长期的经济发展，当地经济市场化发展状况、市场发育是否充分、本产业中各企业自身的发展状况、各产业的行业准入标准等，包括当地的经济发展水平、市场发育状态、融资渠道（包括融资渠道的便利性、外来投资的条件及市场准入条件）、市场需求条件等条件。本调查中用劳动率、本地经济发展水平等指标来表示。

（3）区位合理布局，主要考虑本产业所处的区域方位优势、空间布局是否合理。如果产业在空间过于分散，则运输成本会增大，不利于信息传播、市场服务范围缩小，使企业不能共享基础设施，增大了社会总费用等。但过于集中，则可能产生恶性价格竞争、污染严重、劳动力供应紧张和成本上升等问题。因此，区位合理布局，主要考虑区位中的劳动率条件、交通条件、资源禀赋等对产业集群升级起基础作用的一些因素。本调查用企业战略和规模、人们对产业的需求等指标来反映。

（4）创新环境因素分为人才因素、企业本身因素及行业协会的因素。人的因素细化为劳动生产率、从业人员作用、本地企业家精神三个方面；企业本身因素包括研发经费支出、与大学研究所的合作等；行业协会因素细化为当地行业协会的作用、当地行业文化等因素。

（5）同行企业协作关系，是良性还是恶性是产业集群发展的重要因素。集群企业内部的同行业之间必然有竞争，但更重要的是有相互的协作。行业中企业的良性竞争会促进产业集群发展，但如果恶性竞争例如大打价格战等会削弱企业的竞争实力。因此本部分考察集群企业之间相互协作的条件、是否共享一定的资源等。本调查用当地集群企业之间的合作、当地企业集群企业之间的合作、相互了解和信任等指标来反映。

二、分析方法

在过去 50 多年的历程中，因子分析已经被人们所接受，并且越来越受到大家的欢迎。本书对回收的样本采用 SPSS 统计软件进行数据分析，主要采用主成分分析和因子分析的方法对中山产业集群升级的影响因素进行分析归纳，总结其关键因素。

（一）主成分分析法

统计学中处理多元回归的主要思路是利用变量降维进行统计分析，主成分法的思路是在保证数据丢失最小的原则下，通过高维变量的空间转换进行处理，把多个有相互包含关系的变量转成相互独立的变量，并选择方差较大的几个主成分，来替代原来的众多变量，按照实际情况对相应的对象进行评价。但生成的新的变量可能并没有明确的代表项，只是在某种程度上对原有的相关指标进行一定的综合。通过主成分的转变，可以从多个层次和角度来反映各个变量的综合影响，但他们并不具有相关的关系。

（二）因子分析法

在主成分分析的基础上，统计学家又采用因子分析，将各种纷繁复杂的若干变量综合成少数的几个因子，以使原始的变量与新的因子之间有这样或那样的联系。但要明确的是，因子分析的各变量是没有相关关系的，但为了反映各变量和因子的相关程度，通常会用到因子载荷的相关系数。通常情况下，因子载荷可以表明各因子对各解释变量的重要作用，因子载荷值≤1，但如果绝对值越接近于1，表明因子与变量的相关性越强。同时，因子载荷值反映了因子对解释变量的重要作用和程度。

变量的方差又称共同度，表示载荷矩阵 A 中第 i 元素的平方和，即

$$h_j^2 = \sum_{j=1}^{k} a_{ij}^2$$

用来反映因子的变异程度。变量 x_i 的方差的公式为 $h_i^2 + \varepsilon_i^2 = 1$，由此可见变量的共同度会影响到变量 x_i 的方差，并且 h_i^2 的值越大，表明全体因子对变量的影响程度就越大。除去全体因子的影响，其他一切因素被归并到 ε_i^2 中，ε_i^2 越大，表明其他因素的影响越大。变量的共同度刻画了全体因子对变量信息的贡献程度，是评价因子质量的重要指标。一般的标准为大于 80%，说明因子分析的效果好。

因子的方差贡献是因子载荷阵 A 中第 j 列元素的平方和，反映了因子对原有变量总方差的解释能力。该值越高，相应因子的重要性越高。由此，因子方差贡献和方差贡献率是衡量因子重要性的关键指标。

卡特尔（Raymond B. Cattell）注意使因子分析这一过程，把4500多个特征名称，减少为不到200道问题，用以测量不同的个性特征量表（16PF）。卡特尔对因子分析的使用特别强调它的基础作用，也就是用大量的可观测的实例测度不可观测的一个概念或多个概念。这一方法的主要目的是数据简化，以最少的信息丢失为代价将众多观测变量浓缩为少数几个因素。我们主要使用因子分析过程进行分析，力求将各项具体影响因素进行归纳和化简，突出产业集群影响因素的特性。

三、结果分析

（一）描述性统计分析

本书通过Spss13.0软件分析，表5.26显示其描述性统计分析的数据。

表 5. 26　　　　　　　　　　描述统计数据

变量	算术平均值	样本标准差	样本数目
劳动生产率	4. 5062	0. 54626	162
研发经费支出	3. 9815	1. 10460	162
本地资源	4. 1296	0. 95233	162
本地经济发展水平	4. 0802	0. 82689	162
基础设施建设水平	4. 1481	0. 86694	162
人们对产业的需求	4. 2086	0. 75404	163
外来投资	3. 3025	1. 42086	162
当地融资渠道的便利性	3. 9141	1. 14600	163
与大学、研究所合作	3. 4691	1. 16263	162
当地集群企业之间的合作	3. 9448	1. 04603	163
从业人员的作用	4. 2160	0. 82369	162
企业战略与规模	4. 3519	0. 73422	162
相关与支持行业的竞争	4. 1975	0. 68938	162
当地集群企业之间的竞争	4. 1049	0. 92109	162
本地企业家精神	4. 2160	0. 91011	162
相互了解与信任	4. 0741	0. 99451	162
政府宏观发展战略及政策	4. 3889	0. 78086	162
当地优惠政策	4. 4568	0. 64319	162
当地行业协会的作用	3. 8827	0. 98007	162
当地的行业文化	3. 8951	1. 01985	162

从问卷的描述上统计分析中可以看出，人们普遍认为，影响中山产业集群升级的因素按重要性从高到低排序依次为：劳动生产率、当地优惠政策、政府宏观发展战略及政策、企业战略与规模、本地企业家精神、从业人员的作用、人们对产业的需求、相关与支持产业的竞争、基础设施建设水平、当地集群企业之间的竞争、本地经济发展水平、相互了解与信任、研发经费支出、当地集群企业之间的合作、当地企业文化、当地行业文化、当地行业协会的作用、与大学、经济院所的合作、外来投资。被调查者都认同企业劳动生产率对产业升级的影响的重要性；而外来投资影响的重要性则差别最大，这说明被调查者对外来投资促进产业升级影响作用的分歧最大。

（二）主成分分析结果

1. 考察原有变量是否适合进行因子分析

首先，考察收集到的原有变量之间是否存在一定的线性关系，是否适合采用因子分析方法提取因子。这里借助变量巴特利特球度检验（Bartlett's Test of Sphericity）和 Kaiser – Mayer – Olkin（KMO）检验方法进行分析。巴特利特球形检验是对数据多元正态分布的测度。它也对相关系数矩阵是否是单位矩阵进行检验（如果是单位矩阵，因子分析是没有意义的）。显著性概率值 <0.05 表明这些数据不会生成单位矩阵（或者说与单位矩阵差异有显著性意义）且近似为多元正态，可以进行因子分析。KMO 检验是为了进行因子分析，检验值的分布是否满足假设，凯瑟（Kaiser）自己（喜欢字母 m）对该值的定义是：该值 >0.9 极好，>0.8 非常好，>0.7 较好，>0.6 一般，>0.5 较差，<0.5 不可接受。

由表 5.27 可知，巴特利特球度检验统计量的观察值为 1.65E，相应的概率 p 值接近于 0。如果显著性水平为 0.05，由于概率 p 值小于显著性水平，应拒绝零假设，认为相关系数矩阵与单位阵有显著差异。同时，KMO 值为 0.884，根据凯瑟给出的 KMO 度量标准可知，是好的，接近极好。

表 5.27   巴特利特球度检验和 **KMO** 检验（**KMO and Bartlett's Test**）

巴特利特球度检验和 KMO 检验 KMO and Bartlett's Test		
取样足够度的 Kaiser – Meyer – Olkin 度量		0.884
Bartlett's 的球形度检验	近似卡方	1.655E3
	df	190
	Sig.	0.000

2. 提取因子

根据原有变量的相关系数矩阵，采用主成分分析法提取因子，选取特征值大于 1 的特征根。通过 Spss 软件的数据分析，其主成分列表见表 5.28 是因子分析的初始解，显示了所有变量的共同度数据。第一列是因子分析初始解下的变量共同度，它表明对原有 20 个变量如果采用主成分分析方法提取所有特征值（20）个，那么原有变量的所有方差都可被解释，变量的共同度均为 1（原有变量标准化后的方差为 1）。事实上，因子个数小于原有变量的个数才是因子分析的目标，所以不可提取全部的特征值。第二列是在按指定提取条件（这里为特征值大于 1 时）提取特征值时的变量共同度。可以看出，劳动生产率、本地发展水平，当地企业的合作的绝大部分信息可被因子解释（大于 70%），这些信息丢失较少，但当地融资渠道的便利性、外来投资丢失较为严重（近 50%）。因此，本次因子提取的总效果并不理想。

表 5.28   因子分析的初始解

变量	初始	提取
劳动生产率	1.000	0.741
研发经费支出	1.000	0.663
本地资源	1.000	0.641
本地经济发展水平	1.000	0.748
基础设施建设水平	1.000	0.729
人们对产业的需求	1.000	0.665
外来投资	1.000	0.599
当地融资渠道的便利性	1.000	0.574

变量	初始	提取
与大学、研究所合作	1.000	0.711
当地集群企业之间的合作	1.000	0.739
从业人员的作用	1.000	0.770
企业战略与规模	1.000	0.628
相关与支持行业的竞争	1.000	0.674
当地集群企业之间的竞争	1.000	0.681
本地企业家精神	1.000	0.592
相互了解与信任	1.000	0.680
政府宏观发展战略及政策	1.000	0.652
当地优惠政策	1.000	0.633
当地行业协会的作用	1.000	0.696
当地的行业文化	1.000	0.686

重新指定提取特征根的标准，在所有的特征值中，特征值大于 1 的共有 5 个（如果特征值大于或等于 1 就表明该因子是有意义的，可以被保留下来），由此可初步认定这 5 大因子能够解释大部分的变量，指定提取 5 个因子。特征值由大到小排列，所以第一个共同因素的解释变异量通常是最大者。重新指定提取特征根的标准，提定提取 5 个因子。分析结果如表指定 5 个特征根时因子分析的初始解，形成的主成分分析结果如表 5.29 所示。

表 5.29　　　　　　　　　　主成分列表

成分	初始特征值			提取平方和载入			旋转平方和载入		
	合计	方差的%	累积%	合计	方差的%	累积%	合计	方差的%	累积的%
1	8.270	41.352	41.352	8.270	41.352	41.352	3.218	16.090	16.090
2	1.699	8.494	49.846	1.699	8.494	49.846	3.186	15.931	32.021
3	1.271	6.354	56.200	1.271	6.354	56.200	2.912	14.559	46.580
4	1.193	5.964	62.164	1.193	5.964	62.164	2.464	12.319	58.899
5	1.068	5.338	67.502	1.068	5.338	67.502	1.721	8.603	67.502
6	0.816	4.078	71.580						
7	0.735	3.675	75.255						
8	0.666	3.332	78.587						
9	0.602	3.011	81.599						
10	0.506	2.532	84.131						

续表

成分	初始特征值			提取平方和载入			旋转平方和载入		
	合计	方差的%	累积%	合计	方差的%	累积%	合计	方差的%	累积的%
11	0.453	2.264	86.395						
12	0.416	2.080	88.475						
13	0.398	1.992	90.468						
14	0.387	1.933	92.401						
15	0.343	1.714	94.114						
16	0.292	1.459	95.574						
17	0.277	1.384	96.958						
18	0.245	1.226	98.184						
19	0.189	0.947	99.132						
20	0.174	0.868	100.000						

表5.29 中，第一列是因子编号，以后三列组成一组，每组中数据项的含义依次是特征值、方差贡献率和累积方差贡献率。我们看到特征值大于1的有5个（如果特征值大于或等于1就表明该因子是有意义的，可以被保留下来），由此认定这5大因子能够解释大部分变量。特征值是由大到小排列，所以第一个共同因素的解释变异量通常是最大者。

第一组数据项（第二列至第四列）描述了初始因子解的情况。可以看到，第1个因子的特征值为8.27，解释原有20个变量总方并的41.35%（8.27/20×100），累积方差贡献率为41.27%；第2个因子特征要是1.699，解释原有方差的8.49%，累积方差贡献率为49.86%.其余数据含义类似。

第二组数据（第五列至第七列）描述了因子解的情况。可以看到，由于提取五个因子，五个因子共解释了原有变量总方差的67.50%。总体上，原有变量的信息丢失较少，因子分析效果较为理想。

第三组数据项（第八列至第十列）描述了最终因子解的情况。可见，因子旋转后，累积方差贡献率没有改变，也就是没有影响原有变量的共同度，但却重新分配了各个因子解释原有变量的方差，改变了各因子的方差贡献，使得因子更易于解释。

因子载荷矩阵是因子分析的核心内容。从表5.30 中可以看出，20个变量在第1个因子的载荷相对较高，意味着它们与第1个因子的相关程度高，第1个因子很重要，第2到第5的作用逐渐减弱，最后的作用不显著。另外还可以看出，这5个因子的实际含义比较模糊。

表5.30　　　　　　　　　　**因子载荷矩阵**

变量	因子				
	1	2	3	4	5
劳动生产率	0.530	-0.619	-0.011	0.170	0.220
研发经费支出	0.607	-0.044	0.532	0.078	0.067
本地资源	0.697	-0.275	-0.017	0.121	-0.253
本地经济发展水平	0.703	-0.187	-0.286	0.210	-0.305
基础设施建设水平	0.731	-0.055	-0.275	0.317	-0.124
人们对产业的需求	0.612	-0.218	0.012	0.220	0.441
外来投资	0.695	-0.141	0.169	0.174	-0.193
当地融资渠道的便利性	0.616	0.052	-0.241	0.257	-0.262
与大学、研究所合作	0.553	0.171	0.477	0.384	0.028
当地集群企业之间的合作	0.668	0.144	0.132	-0.317	-0.393
从业人员的作用	0.644	-0.493	0.035	-0.328	-0.058
企业战略与规模	0.594	-0.144	0.306	-0.401	0.017
相关与支持行业的竞争	0.685	0.249	-0.286	-0.226	-0.100
当地集群企业之间的竞争	0.653	0.337	-0.280	-0.249	0.012
本地企业家精神	0.681	0.079	-0.069	-0.235	0.250
相互了解与信任	0.689	-0.236	0.050	-0.355	0.145
政府宏观发展战略及政策	0.608	0.273	-0.173	-0.037	0.420
当地优惠政策	0.618	0.155	-0.313	0.155	0.324
当地行业协会的作用	0.534	0.550	0.299	0.131	0.038
当地的行业文化	0.694	0.422	0.136	0.017	-0.088

注：提取方法：主成分；a. 已经提取了5个成分。

在图5.16中，横坐标为因子数目，纵坐标为特征值。可以看出，第1个因子的特征值很高，对解释原有变量的贡献最大；第5个以后的因子特征值都较小，对解释原有变量的贡献很小，已经成为可被忽略的"高山脚下的碎石"，因此提取5个因子是合适的。

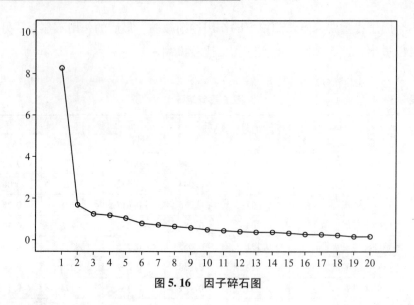

图 5.16　因子碎石图

根据表 5.30 可以写出本应用案例的因子分析模型：

$$劳动生产率 = 0.53f_1 - 0.619f_2 - 0.11f_3 + 0.17f_4 + 0.22f_5$$

$$研发经费支出 = 0.607f_1 - 0.044f_2 + 0.532f_3 + 0.078f_4 + 0.067f_5$$

$$本地资源 = 0.697f_1 - 0.275f_2 - 0.017f_3 + 0.012f_4 - 0.253f_5$$

$$\vdots \quad \vdots$$

$$当地行业文化 = 0.694f_1 + 0.422f_2 + 0.136f_3 + 0.17f_4 - 0.088f_5$$

3. 因子的命名解释

我们采用了方差最大化对因子载荷矩阵实施正交旋转以使因子具有命名解释性。指定按第一因子载荷降序的顺序同旋转后的因子载荷以及旋转后的因子载荷表。旋转的因子结构显示在下面的表中，因子旋转是按照两种方式排序的：（1）选取每个因子的最高因子载荷并列在每个区块中，（2）在每个区块中，因子载荷按从最大到最小的顺序排序。每一列中的数值就是每个因子的因子载荷，等同于每个项目与每个因子之间的相关系数。

从表 5.31 可知在第 1 个因子上，本地经济的发展水平、基础建设投资水平、当地融资渠道的便利性、本地资源的载荷较高。第 1 个因子主要解释了这几个变量，可以解释为本地的经济发展实力对产业升级的促进作用较强。而政府宏观发展战略、当地集群企业之间的合作、当地的优惠政策、相关行业竞争等这几个变量在第 2 个因子上的载荷较高，说明政策因素对产业集群的促进作用较为明显。从事人员的作用、企业战略与规模、相互了解与信任在第 3 个因子上的载荷较高，说明与企业本身有关的因素对产业升级的影响较大。与当地大学的合作、与行业协会的合作、研发支出在第 4 个因子上的载荷较高，说明企业的研发与促新行为对产业升级的影响较大。劳动生产率、人们对产业需求在第 5 个因子的载荷较高，说明其内在因素对于促进企业产业升级中的作用。

与旋转前相比，因子含义较为清晰，如表 5.31 所示。

表 5.31　　　　　　　　　　正交旋后的因子矩阵

变量	成分				
	1	2	3	4	5
本地经济发展水平	0.792	0.213	0.214	0.070	0.155
基础设施建设水平	0.713	0.343	0.081	0.182	0.251
当地融资渠道的便利性	0.675	0.285	0.049	0.182	0.044
本地资源	0.635	0.081	0.386	0.200	0.203
外来投资	0.523	0.078	0.342	0.410	0.185
政府宏观发展战略及政策	0.073	0.721	0.104	0.215	0.263
当地集群企业之间的竞争	0.283	0.712	0.263	0.103	-0.121
当地优惠政策	0.292	0.641	-0.009	0.135	0.344
相关与支持行业的竞争	0.396	0.631	0.309	0.084	-0.130
本地企业家精神	0.130	0.582	0.409	0.171	0.199
从业人员的作用	0.328	0.097	0.760	-0.032	0.272
企业战略与规模	0.054	0.186	0.717	0.264	0.080
相互了解与信任	0.164	0.344	0.676	0.092	0.263
当地集群企业之间的合作	0.384	0.274	0.569	0.311	-0.310
与大学、研究所合作	0.222	0.075	0.066	0.782	0.202
当地行业协会的作用	0.095	0.420	0.024	0.705	-0.110
研发经费支出	0.122	0.049	0.409	0.647	0.245
当地的行业文化	0.297	0.482	0.198	0.556	-0.127
劳动生产率	0.348	-0.013	0.361	0.015	0.699
人们对产业的需求	0.194	0.317	0.182	0.245	0.659

注：提取方法：主成分；旋转法：具有 Kaiser 标准化的正交旋转法。a. 旋转在 6 次迭代后收敛。

4. 计算因子得分

这里我们采用回归法估计因子得分系数，并输出因子得分系数。

根据表 5.32 可写出以下因子得分函数：

$F_1 = 0.044$ 劳动生产率 -0.127 研发经费支出 $+0.265$ 本地资源 $+ \cdots + \cdots +$ 0.01 当地行业文化

$F_2 = -0.112$ 劳动生产率 -0.16 研发经费支出 -1.61 本地资源 $+ \cdots + \cdots +$ 0.092 当地行业文化

$F_3 = 0.055$ 劳动生产率 $+0.12$ 研发经费支出 $+0.058$ 本地资源 $+ \cdots + \cdots -$ 0.03 当地行业文化

$F_4 = -0.077$ 劳动生产率 $+0.352$ 研发经费支出 -0.05 本地资源 $+ \cdots + \cdots +$ 0.218 当地行业文化

$F_5 = 0.42$ 劳动生产率 $+0.098$ 研发经费支出 -0.008 本地资源 $+ \cdots + \cdots -$ 0.173 当地行业文化

表 5.32　　　　　　　　　　　　因子得分系数矩阵

成分	构成得分				
	1	2	3	4	5
劳动生产率	0.044	−0.112	0.055	−0.077	0.420
研发经费支出	−0.127	−0.160	0.120	0.352	0.098
本地资源	0.265	−0.161	0.058	−0.005	−0.008
本地经济发展水平	0.397	−0.073	−0.074	−0.114	−0.040
基础设施建设水平	0.315	0.016	−0.183	−0.042	0.066
人们对产业的需求	−0.109	0.089	−0.086	0.051	0.444
外来投资	0.179	−0.173	0.033	0.151	0.001
当地融资渠道的便利性	0.342	−0.010	−0.158	−0.021	−0.080
与大学、研究所合作	−0.011	−0.151	−0.125	0.460	0.099
当地集群企业之间的合作	0.097	−0.048	0.264	0.048	−0.382
从业人员的作用	0.007	−0.089	0.365	−0.164	0.041
企业战略与规模	−0.185	−0.034	0.377	0.053	−0.056
相关与支持行业的竞争	0.080	0.233	0.055	−0.142	−0.199
当地集群企业之间的竞争	−0.004	0.305	0.035	−0.126	−0.167
本地企业家精神	−0.165	0.236	0.115	−0.058	0.076
相互了解与信任	−0.147	0.075	0.303	−0.100	0.076
政府宏观发展战略及政策	−0.187	0.357	−0.096	−0.017	0.181
当地优惠政策	−0.011	0.295	−0.203	−0.069	0.224
当地行业协会的作用	−0.095	0.090	−0.112	0.370	−0.104
当地的行业文化	0.010	0.092	−0.030	0.218	−0.173

注：提取方法：主成分；旋转法：具有 Kaiser 标准化的正交旋转法。

可见，计算 5 个因子得分变量的变量值时，本地经济发展水平、当地融资水平的便利性、基础设施建设、企业规模等的权重较高，说明这几个因素在本地产业集群升级中所占的比重最大，这与因子的实际含义相吻合的。

另外，因子得分的均值为 0，标准差为 1。正值表示高于平均水平，负值表示低于平均水平，如表 5.32 所示。

从以上分析结果来看，中山目前的产业集群升级还得益于经济发展水平、基础设施及国家的产业政策、人们的产业需求等外在的因素，为中山市产业集群的进一步升级打下了坚实的基础。但我们也应看出，与产业集群升级相关联的内部因素如企业的研发、企业家精神、企业文化等的比重不太高，说明企业产业内在升级的动力不足。

目前中山市各地的产业集群大都呈现出一种"中间大、两头小"的菱形组织结构，即赢利较少的生产制造环节能力较强，而利润丰厚的研发、设计以及市场营销、品牌等环节较弱。这说是，目前中山市产业集竞争优势还局限于中低档生产制造环节，仍处于产品价值链的低端部分。由于众多的小企业在生产制造环节过度竞争，靠产品数量和价格取胜，由此导致利润摊薄，大量企业仍处于微利甚至亏损的边缘。因此，中山应继续采取各种措施，推动传统产业升级。

第四节　中山市产业集群升级发展面临的挑战

一、行政区域藩篱影响市场活力

产业集群是指同一类产业内的企业在同一地区的聚集（Schmitz，1995），克鲁格曼在《地理和贸易》（2000）中认为产业集群发展的基本的、内在的经济动因是马歇尔有关外部性的因素，如劳动市场共享、中间投入品市场及技术外溢所产生的规模经济。企业及企业群在同一地区的聚集，可以是跨行政区域的，也可以是在同一个行政区域之内。珠三角产业集群在形成和发展的过程中也表现了它的特点，即某一个产业的形成和发展集中在一个镇的行政区域范围之内，呈现出"一镇一品"的形态，称之为"专业镇"，这是一种以镇的行政边界划定的特殊形态的产业集群。

中山市的产业集群正是以"专业镇"的形态表现出来的，主要是由历史原因和经济原因共同促进的。首先，珠三角靠近港澳的地缘优势，使珠三角的地方官员比内地的官员有较为先进的经济意识和对产业发展的正确判断，从而具有企业家的特质（李新春，2002）。地方政府和部门拥有比民营企业更多的网络和渠道，在经济资源的调配中发挥着重要的作用。其次，改革开放初期，市场配置资源的功能还没有完全成熟，地方政府在促进要素集聚和市场融合中发挥了较大的作用。最后，中国分权的体制，地方政府有强烈的促进本地区发展的动力，使地方政府有了某些公司的特征（Jean Oi，1992）。因此，相较于其他地区，珠三角地区的政府在经济发展中发挥了更大的作用，推动了产业集群的形成和进一步发展。相对而言，民间组织的力量有些不足，行业协会、行业组织等民间的社会组织形成不足，发展实力比较弱。

改革开放以来，中山市产业集群的发展是典型的珠三角模式，"专业镇"的发展成熟完善。从行政区划上来讲，中山充分发挥不带县、直接管到镇的扁平化管理优势，引导区域特色产业集聚发展，形成了一批各具特色、充满活力的省级专业镇。中山靠专业镇起家，无论过去还是将来，专业镇发展都是经济的基本支撑，中山经济结构调整、产业转型升级的主战场在专业镇，实现在优化发展、创新发展中加快发展更离不开专业镇。

从珠三角及中山产业集群发展的历程来看，政府对产业集群的发展起到重要的作用，也是当地产业集群发展的特色之一。随着经济的发展，产业规模越来越大，产业的外部性也越广泛，产业镇的发展使企业数量超过专业镇的边界，突破了专业镇的发展。如在中山古镇周围，出现了许多的零配件供应商为这个全国的"灯饰之都"进行加工生产。同时产业的发展使行业的供应链无限延长，往往会出现跨行政边界的生产环节配置，如顺德的伦教镇主要从事生产家具的机械设备制造业，在其周围的龙江镇企业则购买这些设备从事家具生产，乐从镇则主要从事家具的销售。显然，这种基于产业链的企业联系已经跨出了专业镇的边界。基于行政边界的局限，以专业镇为基础对企业的治理与扶持则变得非常有限，在行政区划上越来越不适合专业镇的发展。

以前促进"专业镇"发展的特殊的行政区及政府对经济的推动业已在一定程度上形成产业发展中的障碍，约束了市场的活力，需要进一步放开手脚，大力推行行政改革。从目前的情况看，主要的表现有：各个专业镇发展的协同性不强，还远未打破行政区划的界限，存在镇与镇之间各自为政、无序竞争的现象，使产业发展空间受到限制；各个镇区功能协调互补，以及资源、基础设施、公共服务设施共享的协同能力不足，形聚而神散，难以吸引高端企业、高端人才、高科技服务机构等高端资源。部分镇区道路交通建设滞后、优质公共服务短缺、产业配套设施不足，一些镇区的所谓产业园区，犹如放大了的生产车间，现代信息技术在产业发展与城镇管理等方面渗透与应用尤为不足。

虽然近年来中山市各级政府努力强化"全域中山"理念，大力消除行政藩篱、加快转变政府职能，推动行政区经济转化为经济区经济。但如何从根本上解决行政区划、行政手段等"看得见的脚"，踩住市场"看不见的手"的问题，进一步激发市场活力，仍需要大胆探索，厉行改革，看准就干。

二、要素资源约束凸显

中山市面积不大，只有约 1800 平方公里，排在广东各地级以上市的倒数第二位，却创造了全省第五的经济总量。近年来，各方对于中山市的土地开发强度比较一致的看法是接近 30% 的国际警戒线。而广东省国土资源厅 2014 年 5 月给出的数据是 36.5%，已经超过生态宜居警戒线①。2013 年，广东省工业用水消耗量占全省耗水总量的 11.8%，中山工业用水消耗量占全市耗水总量的 22.1%；全省工业废水占废污水排放总量的 53.0%，中山工业废水占废污水排放总量的 72.3%②。中山市的矿产种类不多，金属矿产非常贫乏，优势矿产主要有建筑用花岗岩和矿泉水，对经济发展的支撑作用不明显。

---

① 广东 4 市城市开发强度超生态宜居警戒线，来源于南方网，http://www.southcn.com/nf-daily/bo/timeline/content/2014–05/25/content_100523801.htm。

② 根据广东省 2013 年水资源公报、中山市 2013 年水资源公报整理。

人力资源的约束是影响产业升级的重要因素。中山市产业集群经济的现实情况是，企业规模较小，异质性人力资本存量薄弱，自主创新能力不足。据国家统计局中山调查队2014年对该市农民工的调查显示，70.7%的受访农民工表示没有任何的职业技能，即使是具有职业技能的农民工，所具备的技能种类也较少，以1种的为多，其次是2~3种，分别占比为15.0%和13.5%，且受访农民工提高职业技能的意愿不高，仅有22.6%的人表示既愿意花时间也愿意支付费用①。近年来，中山全市硕士以上学历科技创新人才仅为2020人，排在珠三角第6位，而珠海、佛山、东莞分别有3283人、4823人和6507人，分别是中山的1.6倍、2.4倍和3.2倍。引进外国专家学者和留学归国人才数量分别排在珠三角第8位和第9位。

资源配置不够合理、土地利用率不高，存在发展规模不足、承载力和竞争力有限、低水平重复建设等问题。面对土地、能耗、劳动成本、环境容量等刚性约束日益趋紧，这种粗放型发展模式已经触到了天花板，转变方式、转型升级势在必行。

三、产业集群发展处于低端水平

从全球的经济发展来看，生产成本大规模上升，低成本制造的优势不断被削弱。目前中山市大多数专业镇经济总量不大且产业层次处于低端，突出表现在：缺乏行业关键技术、智能化和智能制造水平较低、要素配置和产业组织效率不高、资本运作和金融创新能力不足、产业集群与新型城镇化在融合度、融合品位上均不相适应。全市16个专业镇中仅有9个经济总量达100亿元，仍有将近一半的专业镇经济总量在100亿元以下。大多数专业镇产业发展仍处于低水平稳定发展状态，以劳动密集型为主，如五金、服装、家具及食品加工等。2013年，中山市机电产品出口额184.24亿美元，占出口总额的69.58%；高新技术产品出口59.01亿美元，占出口总额的22.29%；服装及衣着附件出口23.39亿美元，占出口总额的8.83%。表5.33为中山高端产业发展情况与深圳、东莞的对比。

---

① 中山调查队简报，调查报告201424。

表5.33　　　　　　　　　深圳、东莞、中山高端产业发展指标对比

年份	规上高技术制造业增加值增长率（%）			规上先进制造业增加值增长率（%）			高新技术产品出口额（万美元）		
	深圳	东莞	中山	深圳	东莞	中山	深圳	东莞	中山
2011	—	—	—	—	—	—	1248.00	273.42	66.24
2012	8.9	13.1	21.6	6.7	8.5	23	1412.17	297.39	57.37
2013	12.3	19.6	13.8	12.2	17.4	16.4	1690.80	336.70	59.01
2014	13.2	16.3	14.0	10.3	13.9	7.9	—	—	—

据粗略统计，自2010年1月以来，我国原料、资源及资产的平均价格提高8%以上，各地最低工资标准至少提高10%以上，人民币汇率面临升值压力，大大压缩了中小企业的盈利空间，使许多中小企业处于生存的边缘。而随着人们水平的提高，国内消费者对高质量、个性化的需求增加，而对"大路货"的市场需求下降。

根本上而言要破除小富则安、小进则满的思想观念。随着中山各项事业的发展，尤其是日渐富裕起来了，满足于过好小日子的思想观念日渐抬头。一些镇区，只想躺在过去的"一镇一品"家底上吃老本，丢掉了"敢为天下先"的锐气。于一些企业而言，觉得挣的钱够下一辈子花了，忘记了"生于忧患，死于安乐"的古训。囿于中山看中山，关起门来坐吃山。面对汹涌的市场一体化进程，面对转型升级的大潮，面对你追我赶的竞争态势，逆水行舟，不进则退，小进也是退。大鱼吃小鱼，快鱼吃慢鱼。一些昔日的大镇步步后退被别人追赶，一些唱响大江南北的品牌如今悄然消失，一些昔日的"一镇一品"已日渐萎缩，甚至名存实亡，一些昔日的大亨陷于资不抵债甚至破产倒闭。

四、产品质量治理机制不健全

近年来频繁发生的产品质量事件及食品安全事件告诉我们，竞争在信息不对称的市场条件下，不一定会导致产品质量的提升，反而会造成生产者之间相互压价的恶性竞争，造成"劣币驱逐良币"效应，导致整个集群的生存危机，特别是在企业"扎堆"又缺乏产业链纵向联系的集群中更容易出

现这种情况。目前，中山市的许多专业镇的产业发展也是这样的情况，如古镇的灯具行业，掌握核心专利技术的企业少，产品集中在中低端，产业整体创新能力较低，产业的竞争使整体的信用度严重透支，因此在产业集群中，质量治理必不可少，产品质量治理工程亟待实施。

质量标准可以来源于企业的自身特别规定，如大众汽车的 VDA6；也可以是行业，如控制质量的 ISO9000，关于环境的 ISO14000 等；也可以是行业内部的，如材料使用的安全与质量标准、品牌建设与维护、专利监管与保护等。在中山市目前大多数的专业镇中，对产品质量的治理工作在很大程度上还非常的被动和滞后，远没有建立科学、合理的产品质量治理机制。

在新的时期，必须突破原有的思路，既要依靠专业镇的产业集群模式，又要跳出专业镇的行政区域划分，在以全市或珠三角统筹规划的视野里进行合理布局，丰富和转变专业镇产业集群生产网络的治理主体，对产业集群的治理进一步整合。

第六章

产业集群升级的国际经验

第一节 意大利劳动密集型产业集群升级的经验

一、意大利劳动密集型产业集群发展概况

被称为"中小企业王国"的意大利，其产业经济发展状况与我国广东、江浙有着太多的相似之处，都是以传统的手工业或劳动密集型产业为主（见表6.1）。意大利工业企业以中小微企业为主，规模普遍较小，企业平均人数只有4.3人，只有德国的1/3。但正是由众多中小微企业组成的产业集群促进了意大利发达经济的形成。20世纪70年代末期，从意大利东北部到中部一带的"第三意大利"地区，大量中小微企业依靠高度灵活的专业化生产协作，经济迅速发展，成就了意大利经济的快速增长。

表6.1　　　　意大利集群产业与我国集群产业比较

意大利集群产业	中国集群产业（以广东、浙江为例）		
	广东		浙江
比耶拉、普拉托：毛纺织	西樵：纺织；大朗：毛织；张槎：针织；盐步：内衣		绍兴：轻纺、化纤
萨思索罗：瓷砖	枫溪、南庄、高陂：陶瓷		慈溪：鱼钩、长毛绒

续表

意大利集群产业	中国集群产业（以广东、浙江为例）	
	广东	浙江
卡尔皮：木工机械、针织品	金沙：五金；司前：不锈钢；大鳌：集装箱；凤翔：玩具；狮岭：皮革制品	温州市区：鞋、服装、眼镜、打火机；义乌：小商品；海宁：皮革、服装；余姚：轻工模具
阿雷佐、瓦伦扎：珠宝	可塘：珠宝首饰	奉化：服饰
博洛尼亚：包装机械	锡场：食品机械；伦教：木工机械	柳州：低压电器；永嘉：纽扣、泵阀；金乡：标牌、包装
都灵：自动化设备	南头：电器；皇岗：水族机电；汤坑：电声工业	台州：摩托车
蒙特别鲁那：滑雪靴	上下川：旅游海洋渔业；恩城：麦克风；古镇：灯饰	慈溪：长毛绒、鱼钩

资料来源：史永隽：《中国与意大利产业集群的差异比较分析》，载于《学术研究》2007 年第 7 期。

意大利产业集群经济特征明显。全意大利具有一定规模的产业集群地有 199 个，分布在 15 个州，其中，东北部和中部地区 126 个，占 63.4%；西北部 58 个，占 29.2%。意大利的产业集群比较集中，纺织品集群地 69 个，占 34.7%；鞋 27 个，占 13.6%；家具 39 个，占 19.6%；食品 17 个，占 8.5%；机械 32 个，占 16.1%。意大利作为世界上重要的产品出口国，出口绝大部分是由产业集群地生产的，纺织业的 90%、鞋和皮革制品的 90%、木工及家具的 95% 出口额是产业集群地创造的。

作为西方的工业强国之一，意大利的工业优势体现在劳动密集型的传统产业上，比如汽车、农产品加工、服装、制鞋、家具等，意大利的这些产品具有比较明显的优势，包括技术、文化传统、消费者认同等。意大利中小企业集群的特点是：历史悠久、乡土文化传承、相互依存度高、产业链完整、技改能力强、限量及创意。意大利的阿玛尼、法拉利、古驰等品牌能够进入全球最有价值的品牌排行榜前 100 名。意大利产业发展总体而言技术准入门槛较低，以工艺精湛著称。法拉利作为全球著名的跑车品牌，规模并不大，每年的产量只有约 4300 台，是因为车辆的生产主要是手工制造，纯手工制作和限量独家生产成为法拉利的基本特色，这也是为什么一般思维中作为资本密集型产业的汽车在意大利成为劳动密集型产业的原因之一。意大利的劳动力成本高，劳动者技能也高，懂得如何完美地将手工技能与流程知识和质量结合在一起。

意大利的产业集群政策是"自下而上"型的。产业集群在市场自发形成基础上，各级政府为集群发展提供信息渠道和辅助服务、创造外部环境，让企业在市场竞争中充分发挥主体作用，通过竞争提升产业集群的发展水平。在集群区内，企业分工有序、合作密切，针对市场进行细分，形成较高程度的专业化生产、差异化竞争。而对于不同企业生产的产品，如果规格、技术含量相等，可以使用同一品牌，由相关机构统一销售，从而避免恶性竞争。为了促进产业集群的创新和升级，意大利通过出台法令，促使高校、研究机构、企业、中介组织、政府等相关部门集中在一起，形成了有机联系的市场组织网络。如意大利在 1991 年和 1994 年通过的 317 号和 598 号法令，针对区域发展，将共同推进；加强集群统计，为集群发展提供信息和指导。

二、意大利劳动密集型产业集群升级的特点

1. 产业集群发展注重工艺和文化内涵

意大利的产业集群并非高技术产业，往往具有一定产业基础、以劳动密集型的传统产业为主。但是，恰恰是意大利工艺使其产品具有了较高的附加值，使每一件产品成为工艺品是意大利工人的追求，从而使意大利产品具有了文化内涵。意大利劳动力成本较高，且资源贫乏、工业起步较晚，大量生产不是其产业发展的优势，必须提高单位产品的价值。因此，意大利产业集群企业普遍重视生产工艺的改进、生产流程的优化，其生产的皮鞋、时装、家具、眼镜、饰品等，在国际上具有较高的知名度和美誉度。

2. 企业间的密切合作

意大利鼓励企业之间进行密切合作。意大利政府出台了"企业网络协议"，鼓励企业在产品质量提升（包括认证）、技术创新、市场营销、市场渗透和环境保护方面通过合同方式进行合作，提高中小微企业各自的创新能力和市场竞争力。所有企业不分规模、地域和类型，通过参加开放型的"网络协议"，形成了良好的竞合关系和灵活的网络组织形式。在从事共同项目时，企业彼此合作、信息共享，加速了创新进程，提高了产品质量，同

时有利于品牌的塑造，提高市场影响力。

3. 重视中介组织和行业协会的作用

意大利以中小企业为主，为了在激烈的市场竞争中占据一席之地，必须进行研发和针对性的市场营销。在自身力量薄弱的情况下，企业不得不进行专业化生产经营，同时依托市场和社会弥补自身的不足。因此，意大利特别注重发挥中介组织和行业协会的作用。中介组织和行业协会不但要赞助技术研究机构、收集发布产业信息、市场策划、制定生产计划、推广出口、开拓国际国内市场、刺激与促进基础设施发展，还要负责与政府打交道，争取政府对产业政策的支持。

4. 产业集群内部的一体化发展

意大利产业区内多数都是前后向联系紧密而又具有可分性的数量众多的中小微企业，企业通过行业协会等以不同的方式结成有机联系的网络。大多数产业集群涵盖了最终产品（如服饰）、配料（如合成纤维）、装备制造（如皮革加工机械、纺织机）以及生产性服务企业（如商品设计、检验检测、认证）等。企业的一体化发展，使得政府可以因地制宜地制订政策，大大降低企业交易成本，同时有利于确立产业集群在竞争中的优势地位，形成产业集群的核心竞争力。

第二节　美国产业集群升级的经验

一、美国产业集群发展概况

美国产业集群类型多样，不但有传统的劳动密集型产业集群，还有广为人知的娱乐业集群、生物医药集群等高技术产业集群。比较有代表性的有：加利福尼亚酒业集群、好莱坞的娱乐业集群，加利福尼亚的高尔夫球设备产业集群、亚利桑纳州的光学仪器产业集群、硅谷高新技术产业集群等。资料表明，美国380个地方产业集群的经济总产值达到全美国经济总产值的60%（尹君、徐栋，2012）。

优越的资源条件促使了类型多样的产业集群形成。美国具有产业集群发展得天独厚的条件，具有发达的工业和农业基础，全年雨量比较充沛，土地肥沃，矿产资源丰富，拥有良好的自然资源要素。在交通运输方面，美国东西两面临海，海运便捷，同时拥有世界上最先进的铁路货运系统和发达的高速公路网络。其国内人口众多，具有较强的国内需求。其大学与科研机构发达，加之其健全的移民政策，吸引了众多高科技人才；完善的科技政策，刺激了科技创新投入，为产业集群的发展提供了持续不竭的动力。

美国不同的产业集群有其不同特点，但是每个产业集群都创造了显著的经济效益和社会效益，这是美国经济中一个非常重要的现象。如高新技术产业集群的硅谷，本名圣塔克拉拉谷，因当地企业从事加工制造高浓度硅的半导体行业和电脑行业而得名。硅谷囊括了世界软件公司500强的前10位中的7家公司总部，另外有微软公司的软件研究中心。特别是电脑行业需求的增长使得小的、高度集中化的企业实现了专门化，这就造成了设计和生产的分离，设计在硅谷完成，生产则转移到了国外的专门生产企业（乔纳森·休斯，路易斯·P·凯恩，2011）。这种分离使硅谷企业可以充分利用其当地分散的产业结构所产生的比较优势，更加集中于技术密集型环节的设计，同时有利于利用美国在海外不断增长的生产能力，刺激了创新的分散化。加利福尼亚酒业集群带动了大量服务中介组织的产生，有着广泛的补充性产业支持酿酒制造和葡萄种植，其中包括葡萄贮存、灌溉和收割设备、木桶及标签的供应商，专业化的公共关系和广告公司，以及众多的酒类出版物组织。此外，还有会计、法律、经营管理、市场调查、国际贸易、职工培训等服务机构。

二、美国产业集群升级的特点

1. 完备的公共政策体系支撑产业集群升级

在中央层面，美国政府并没有制订专门的促进产业集群升级的公共经济政策。然而，美国联邦政府和地方政府却出台了一系列与产业集群升级密切相关的公共经济政策，形成了较为完备的政策体系，促进了产业集群的升级。但是与产业集群发展密切相关的政策措施却相当完善：一是着眼未来出台科技政策，在科学研究领域加大投资，促进教育和研究相结合；在技术领域，以提高国际竞争力，促进经济增长为目标，政府和企业共同致力于关键技术的创新。美国完善的科技政策为高新技术产业及产业集群的发展提供了有力的支持。二是中小企业发展政策。美国不但注重大企业的发展，对中小企业的发展也给予了足够的重视和支持，在税收、促进企业网络化和协作等方面都有相关的政策。三是区域发展政策。美国政府在区域发展规划中，对地方基础设施等投入较大，为地方产业发展创造了良好条件，并且为产业集聚进一步发展成为产业集群奠定了基础。奥巴马政府在 2012 财年预算案中提出确定未来发展的 20 个产业集群，为这些集群的发展提供 25 亿美元的财政支持。地方政府特别是州政府，对产业集群发展实施援助，有针对性地提供产业发展援助，其中包括调整经济政策、实行经济发展激励、完善公共服务体系等。

2. 企业的自发行为驱动了产业集群的升级

总体来看，美国产业集群的发展是以市场导向为主的，产业集群的升级，多是企业出于自身发展的需要。硅谷的创新发展，首先得益于技术改变了硅的相对价格，结合其产业应用的首选特质，企业在当地不断孕育、蜕变、诞生，并形成产业的事实标准，逐步控制世界市场。为了支持产业集群的升级、创新发展，政府通过一些调节和激励措施。当然，以市场导向为主的产业集群，在转型升级过程中，政府的作用一般被限定在一定范围内，产业集群的成长基本上依赖产业与市场的互动。

3. 社会组织为产业集群升级提供支持

社会组织通过协调企业、高校、科研机构、政府和消费群体之间的力量，为产业集群的发展规范市场主体行为、提供融资等服务并改善产品研发。各种行业协会等社会组织制定产品市场交易标准，规范市场交易行为，打击各种假冒伪劣商品，并将其排除在市场交易之外，营造公正合理的市场交易环境，为企业提供准确的市场信息，从而降低交易成本，保护企业的知识产权和创新的积极性，驱动产业集群持续螺旋式升级。在 20 世纪 90 年代初，非盈利民间组织"合资—硅谷网络"对硅谷产业集群的发展情况进行了探索，并于 1993 年公布了"硅谷索引"统计年报来反映硅谷产业集群的发展情况，以后每年公布一次，有利于企业梳理发展思路。以俄亥俄州非盈利机构 BioEnterprise 为例，该机构招募医疗企业到该地区，帮助新创立的企业获得风险资本、政府资助，并且在制造商与供应商之间建立联系。BioEn-terprise 还组织该州克里夫兰市凯霍加社区学院提供课程，教授计算机控制，培训医疗设备以及航空领域工人。非盈利机构在各机构部门之间串联沟通，其必要性不断凸显。

第三节　印度产业集群升级的经验

一、印度产业集群发展概况

印度非常注重产业集群的发展，无论是在传统产业领域，还是在高科技领域，抑或在文化创意领域，都出现了一些运作良好、经济效益较高的产业集群，取得了令人瞩目的成就。印度传统产业集群以纺织业集群为代表，是全球第二大纺织品出口国；高科技产业集群以计算机软件产业集群为代表，产业集聚地班加罗尔号称印度的硅谷，此外还有医药产业集群；文化创意产业主要以电影业产业集群为代表，宝莱坞的电影年产量约占印度电影总产量的 60% ~ 70% ，被视作印度电影的代名词。

印度作为世界上的人口大国，在一些劳动密集型产业方面占有比较优势，形成了较为著名的传统产业集群，如提若普尔的针织业集群、阿格拉的鞋业集群等。印度是世界纺织品第二大生产国和第二大出口国。2013 年，印度纺织品出口额高达 40.2 亿美元，同比增长 23% ，远远高于中国大陆和孟加拉国的 11.4% 和 15.4% 。提若普尔镇作为印度针织品加工和出口中心，产品占据了印度棉织品市场的 85% ，实现了出口产品的多样化和生产技术的世界领先水平。该镇针织品企业数占所有注册企业数的大约一半，并雇佣了超过三分之一的劳动力。印度传统产业集群的发展，主要是在当地工农业的基础之上自发形成，并逐步发展成为规模较大的产业集群。

印度的计算机软件产业集群发展非常迅速，班加罗尔地区的软件产业集群是典型代表，也是印度软件产业集群的核心所在地和软件人才的集中地。目前，班加罗尔地区聚集了海内外 400 多家著名信息技术公司，集中了全印度 35% 的软件人才；创造了印度三分之一的 IT 业产值。按照世界专业机构 CMM 评级，全球 75 家顶尖资质软件公司有近 30 个落户班加罗尔，微软、英特尔、苹果、国际商用机器公司等都在这里设研发中心和生产基地。班加罗尔的软件企业正由早期的低成本软件开发的提供者逐渐沿价值链升级，开始进入电子商务、无线应用程序、嵌入软件和客户关系管理编写软件等价值链的高端位置，力图在软件开发价值链中获得更大的价值份额。

作为文明古国，印度文化产业发展资源丰富。伴随经济的快速发展，作为印度文化产业发展的核心，印度电影产业发展取得了长足进步，尤其是宝莱坞文化产业园区的发展取得了举世瞩目的成就。有人说，这个世界上有一半的人在看好莱坞电影，那么，另一半人则是在"宝莱坞"电影的歌舞声中长大；宝莱坞电影年产量约占印度电影总产量的三分之二（付筱茵、董潇伊、曾艳霓，2012）。

二、印度产业集群升级的特点

印度政府对产业的支持和引导是产业集群升级的动力。无论是对传统产业集群还是高科技产业集群，印度政府都给予了各种政策支持和物质支持。为促进纺织产业发展，印度政府推出了一系列举措：成立棉花技术使命小组，加速棉花加工企业实现现代化；设立技术更新基金计划促进纺织产业的现代化；引入"综合纺织园安排"为纺织产业提供世界一流的基础设施，并对参与综合纺织园计划的企业提供 40% 的资金扶持等。印度政府对软件产业发展提供了政策和投资等方面的优惠，实施各类计划在全国范围内建立"出口加工区"、"100% 出口导向型企业"、"电子硬件技术园区"、"软件技术园区"和经济特区等，以促进电子工业和软件产业的发展。1991 年，印度开始实施"软件技术园区计划（STP）"，班加罗尔申报建立了印度第一批计算机软件园区、信息技术园区、出口加工园区。

金融支持为产业集群升级提供了保障，在传统产业集群升级方面的作用尤为明显。政府信贷对农村地区推进工业化、形成产业集群起到了一定的作用。为了促进中小企业的发展，印度政府对纺织等行业的个人投资提供信贷，并且逐渐发展到对服装工业的一些中间产品的生产提供支持。这一措施对中小企业的升级产生很大推动作用，其中印度政府银行（SBI）起到了重要的中介作用。此外，印度政府为劳动密集型产业的外贸企业提供按揭贷款和按揭利息津贴，同时对绿色产业、高科技产业以及印度东北部外贸企业进行扶持。

基础设施和共性平台是印度政府促进产业集群升级的有效载体。印度作为发展中国家，在促进产业集群升级方面面临很大的挑战。印度政府有选择地促进产业集群的形成、发展和升级。为了促进软件产业的升级，印度政府推出了电信港计划，建立了由高速宽带通信设施、跨国通信网络、数字交换与传输设施、卫星地面站所组成的网络系统；班加罗尔的科技园是印度第一个也是到现在为止唯一一个配有传送数据的卫星通信系统的区域，庞大的地面卫星站，可以随时同世界任何角落进行畅通无阻的交流。

人才政策和产学研结合政策是印度政府促进产业集群升级的重要工具。为了促进高科技产业集群发展，印度建立了科学合理、先进的理工科人才培养体系。印度在 IT 领域的教育已做到了从小抓起。全国 2500 多所中学均开设了电脑课，400 所大专院校开设了计算机及电脑软件专业，这使得印度建成了世界上最大的多媒体教育设施体系。班加罗尔所在的卡邦，有工程学院125 所，在数量上居印度首位，是美国工程学院数量的一半。此外，班市还集中了印度科学研究所、班加罗尔大学、农业科学大学、拉曼研究所国家宇航研究实验室、国家动力研究所等印度一流的科研机构和高等院校，是发展高科技的强大后盾。

第四节　国外产业集群升级对我国的启示

无论是意大利的劳动密集型产业集群还是美国的技术密集型产业集群，抑或是印度的软件产业集群和传统产业集群，与我国的产业集群发展都具有一定的相似之处。他山之石，可以攻玉。国际上产业集群的成功经验，可以给我们良好的启示和借鉴。

一、政府为产业集群升级营造良好环境

产业集群的发展，政府要提供有力的支持和良好的引导。支持在前，引导在后。因为产业集群的发展，最直接和最终的主体是企业，产业经济的发展有其自身的规律性和阶段性，政府期望的方向不一定就是产业演进的方向，必须确定是正确的方向才可以引导。有力的支持，不但要在政策上放松管制，而且要在税收减免、资金融通、产业培育、依法营造良好营商环境方面加大支持力度。政府要打破条块、区域分割，建立统一的大市场，统筹功能布局，建设产业集群发展所需的公共基础设施，为产业集群的成长提供优质公共服务。从各国产业集群的发展经验看，通过调整投资、信贷、基础设施建设等方面政策可以有效地促进产业集群的发展，而以生物、医药、电子、软件等为代表的高新技术产业集群更是需要从战略高度制定相关政策给予支持，通过集群式发展获得整体竞争优势、实现产业转型升级。

二、企业是产业集群升级的核心主体

无论是传统的劳动密集型产业集群还是高技术产业集群，转型升级的核心主体无一例外都是企业，而不是政府。产业是否升级，不是来自政府的意愿，而是来自企业对利润追求的内在驱动力。企业是产业集群的基本单元，没有企业就没有产业集群的存在。意大利的中小微企业也好，美国的大企业也罢，政府对其的引导、扶持和帮助，只能是产业集群升级的外在因素。在产业集群内，市场竞争机制迫使企业不得不创新工艺、研发新产品、推出新的营销方式和手段，集体的创新带动了整个产业集群的升级。而在我国目前的产业集群升级中，政府主导的特征非常明显，而企业进行产业升级的意愿并不强烈，甚至有一种观念认为：不升级慢死、升级快死，这是产业集群升级必须破解的困境。

三、网络联系是产业集群整体升级的纽带

产业集群内部的企业往往是前后向紧密联系而又具有可分性。围绕主导

产业的发展，上中下游企业之间、同行企业之间必然发生各种联系。在社会分工背景下，产业集群的发展需要资本、技术、人才、政策等的供给，由此形成了由企业、政府、科研机构、金融机构、中介机构、检验检测机构等多种主体构成的网络体系。在各国的产业集群发展中，行业组织等发挥着重要的纽带作用，将集群企业结合在一起，提高了集群的竞争力和行动的趋同性。随着通信技术进步和交通基础设施的改善，生产制造活动空间日益分离，跨区域、跨国、跨境协作生产成为常态，产业集群发展分工日益深化，合作更加重要。只有加强与集群内外部的交流与合作，制定产业发展路线图和标准体系，不断延伸集群的创新范围，才能持续增强集群的竞争力。同时，使各种创新的网络联系根植于当地的社会文化中，形成不断自我增强的集群创新系统。也只有这样，产业集群才能够不断增强竞争优势，实现转型升级。

四、创新是产业集群升级的必由之路

与一般观念不同，产业集群升级不一定必须是技术的进步和创新。在我国促进产业集群升级过程中，往往强调技术的进步和革新。诚然，技术进步和革新是产业集群升级极其重要的途径和表现，但并不是唯一路径。意大利产业集群发展的经验表明，创意、管理创新同样可以促进产业集群的升级，即使是传统的手工劳动。当然，创意、管理创新都属于创新的方式。

创新并非纯粹的技术行为。在我国，产业集群升级更要从整体意义上来理解、开展创新。创新就是要把生产要素和生产条件的新组合引入生产体系，结合产业集群的实际，采用新的生产方法、新技术或新工艺，实行新的企业组织方式或管理方法，生产新的产品、提高产品质量，获得原材料或半成品的新来源，开拓新的市场等。单纯大量采用先进技术，不但要考虑是否符合我国产业集群发展的实际，是否有相适应的劳动力和组织管理能力，同时要考虑技术大规模替代劳动有可能带来的不良影响。全面创新则可以充分发挥各类生产要素的作用，提高产品的附加值，从而促进产业集群升级。

第七章

中山市产业集群升级的路径

第一节　推进中山市新型专业镇高效发展

一、实行市场主导的专业镇创新发展模式

2000 年 3 月，广东省委办公厅、广东省人民政府办公厅在关于贯彻《中共中央、国务院关于加强技术创新，发展高科技，实现产业化的决定》的通知中，提出要"积极开展专业镇技术进步试点工作"，拉开了广东省专业镇技术创新工作的序幕。2000 年以来，针对专业镇建设，广东省先后出台了《省市联动推进专业镇建设指导意见》、《中共广东省委广东省人民政府关于加快发展专业镇的意见》、《中共广东省委广东省人民政府关于依靠科技创新推进专业镇转型升级的决定》、《广东省人民政府关于加快专业镇中小微企业服务平台建设的意见》等政策文件，党委政府发挥了极大的促进作用。

各级党委政府及相关职能部门为专业镇的发展创造了良好的环境，提供了大量的支持。政府对专业镇的发展主要采取扶持的方式进行，突出强调技术的改造升级和创新。中山市政府为了突破产业集群转型升级中的行政区域束缚，也提出了"全域中山"的发展理念。然而，产业经济的发展有其自身的特点，政府的规划必须通过市场机制发挥作用。政府在强化机制设计过

程中，必须根据产业集群的特点、发展的阶段特征以及资源禀赋条件等，遵循经济发展规律，通过产业生态评估，把握产业集群及其微观主体的转型升级需求。否则，再好的机制设想，市场主体的作用发挥不充分，产业集群的升级也只能是设想。

促进产业集群升级，必须建立自下而上的公共政策设计机制。政府在制定公共政策的过程中，应深入调研市场主体的需求，把握产业发展的趋势。要加大决策咨询社会服务的购买力度，积极引入国内外智库，为产业发展诊断把脉。公共政策的制定，要采用科学的方法，按照深入调研→拟定政策→征求意见→修订出台文件的程序，开展问卷调查、专家访谈等，吸收各相关利益主体的意见，把政策建立在调研、听取各方意见的基础上，使公共政策制定真正成为反映实情、遵循规律、体现趋势的过程，而不仅仅是参考学习→拟定政策→征求意见→修订出台文件。

二、推动专业镇错位转型升级

随着全球经济增长方式的深刻变化，创新正成为区域竞争发展的关键因素和产业转型升级的原动力。依靠科技创新培育新的经济增长点、抢占未来发展制高点，已经成为世界经济发展大势，专业镇的转型升级从根本上需要依靠创新。一般认为，创新指的是技术创新，是技术的实际采用或首次应用。实际上，熊彼特认为，创新是指把一种新的生产要素和生产条件的"新结合"引入生产体系。它包括五种情况：引入一种新产品、引入一种新的生产方法、开辟一个新的市场、获得原材料或半成品的一种新的供应来源、新的组织形式。也就是说，创新不单单是科技创新，也可以是组织形式、生产工艺、营销手段等的创新。

在推动专业镇发展过程中，要正确认识和处理好增长与发展的关系、传统产业与新兴产业的关系、产业演进的渐变与突变的关系。既要金山银山，更要青山绿水。建设新型专业镇，首先是要金山银山，不是只要青山绿水。建设新型专业镇，就是既要增长，又要发展。首先要认识到技术创新并非专业镇产业升级的唯一途径，要在产业升级的同时解决好产业工人就业和收入稳步增长的问题，避免大规模技术革新引起的劳动替代导致工人大量失业。

所以，专业镇的产业升级，必须根据地方的资源和产业特色，充分发挥比较优势，引导生产要素有序流动，促进产业集群的错位升级，避免出现产业同构和低水平同质竞争，以及资源的过度承载。

对于劳动密集型的优势传统产业，要通过不同的创新途径进行转型升级。一是通过技术改造、技术创新，引入新的生产方法和技术，开发新的产品。要积极购买，引进先进技术、专利技术，注重利用已过有效期但还具有较高经济效益的专利技术；强化政府部门、生产力促进中心、行业协会等与科研机构、高校等的沟通，在企业与技术优势部门之间搭建桥梁，支持新型研发机构成长、发展；通过资金扶持、人才引进、环境营造等方式，鼓励企业加大研发投入，建立工程中心、技术中心和设计中心等研发机构。二是对原来的生产工艺进行改进，实现流程优化或再造，提高生产效率。积极引入外源性智力资本，同时组织企业家、高级管理人员、技术专家走出去，学习先进的企业管理理念，改变企业生产经营人员的心智模式，促进其梳理企业价值链，对生产经营流程进行优化或再造。三是在产业中注入文化元素，提高产品的文化内涵。改革开放以来，中山的专业镇经过多年的发展，已经建立了相对完整的产业链，面临着如何做出特色、做强产业的现实问题。把传统产业与文化建设有机地融合在一起，有利于突出区域经济的特色，在市场竞争中提高品牌的知名度。因此，专业镇在发展过程中，要引导企业提炼传统文化精髓、利用现代文化创意，和产业发展有机融合在一起，提升专业镇的竞争力。四是充分发挥社会组织、行业协会、商会等的作用，优化产业发展环境，建设产业发展的公共平台，实现传统优势产业转型升级。以龙头企业牵头，加强协会、商会等自律组织建设，促进集群自我规范、自我管理、自我服务，实现资源共享，使之成为企业交流合作的平台、政企沟通的桥梁。

支持战略性新兴产业发展。强化顶层设计和政策引导，通过完善公共服务体系、构建功能强大的公共服务平台、审批支持等方式，培育发展新兴产业集群，扶持健康医药、新能源、游艇等产业发展。积极参与建设珠江西岸先进装备制造产业带，引进一批高端装备项目，培育一批重点企业，推广一批产品应用示范，支持一批核心技术创新，建设一批产业发展载体，重点发展智能制造装备、海洋工程装备、光电装备等先进装备制造业。

三、提升新型专业镇品牌竞争力

品牌是区域经济核心竞争力的最直接体现。中山专业镇数量多，也有一些在市场上具有一定的知名度和竞争力，如以锁具著称的小榄、以灯具灯饰著称的古镇、以红木家具著称的大涌等。然而，专业并不代表竞争力，如大涌被称为中国红木家具生产专业镇，而深圳却是全国最大的红木生产和木材集散地，在全国十大红木品牌中，来自深圳的就有6个，深圳红木产值已占全国三成以上①。专业镇必须大力提升产业的区域品牌竞争力。

提升专业镇的区域品牌竞争力必须提高专业镇企业的产品质量。产品或服务质量是提升区域品牌竞争力的微观基础。首先，要引导企业实施以质取胜战略，大力推进企业诚信体系建设，增强企业守法经营观念。依托质量协会、行业协会等，在企业大力推广六西格玛管理、全面质量管理、卓越绩效管理、零缺陷管理等先进的质量管理方法，开展质量管理知识和技能的免费培训，增强企业从源头上抓质量的意识，推动企业不断追求卓越、实现管理创新，从制造优势向管理优势转变，引导企业全面提升质量经营水平。其次要实施技术标准战略，提高经济发展的后发优势和核心竞争力。建立执行联盟标准的企业化运作机制，实施"企业 + 联盟标准 + 检测实验室 + 集体商标 + 品牌推广"的发展模式，通过严格的检验检测，保证产品质量的一致性，对不能严格执行标准的企业进行清退，培育集体商标进行品牌推广，打造行业区域品牌，从而增强执行联盟标准的内生动力，吸引更多企业加入联盟，实现产业集群的升级。推动组建专利联盟 + 标准联盟双联盟，由经济信息化部门、科技部门和质量技术监督部门共同推动，引导企业建立专利联盟，将自主创新成果申请专利，积极建设专利池，将专利融入标准，实现专利联盟与标准联盟的融合，将专利在联盟内共享，对外相互授权，提高整体市场竞争力，促进专业镇产业集群升级。最后要引导企业实施名牌带动战略，鼓励企业制定品牌发展战略，支持企业通过技术创新掌握核心技术，形成具有知识产权的名牌产品，不断提升品牌形象和价值。注重发挥名牌企业

---

① 梁枝文、傅江平：《魅力来自质量和创意——探访深圳红木家具产业》，载于《中国质量报》2014 - 01 - 24。

的名牌效应，使生产要素、资源要素向名牌企业集中，实现规模优势、品牌附加值提升和经济的可持续发展。引导有制造优势的企业努力向研发设计和品牌营销两端延伸，加快从单纯生产型向"生产＋服务"型转变。鼓励支持具有研发、设计和品牌、营销网络优势的企业，从制造主导型向服务主导型转变，带动加工制造企业共同发展，实现从"制造加工型"为主向"自主知识产权型"为重点的转变。

在提高产品质量和企业品牌知名度的同时，要加大对区域品牌资源的整合与传播。首先，要确定专业镇的战略定位，战略定位决定了区域的发展方向。因此，各专业镇必须明确根据发展目标、资源状况、区位优势等确定发展的定位。在确定发展定位过程中，应引入外界智库、大型咨询公司等为专业镇的发展把脉，以利于确立正确的发展方向，战略定位要能够树立特色鲜明的区域形象。其次，通过传媒传播区域形象，提高区域品牌知名度和美誉度。各个专业镇在确立战略定位的基础上，梳理产业经济行业发展特色，塑造与战略定位相匹配、包含辖区主要产业集群特征的区域形象定位。确立形象定位后，借助于网络、微博、微信等传播手段，提升专业镇的整体知名度，打造出质量优良、高档、品质上乘的原产地品牌效应。

第二节　中山市产业集群升级的横向区域整合

中山以镇为单位的分散发展模式，既有历史的必然性，也有由农业大县向工业强市转变的体制优势。但随着市一级乃至跨市区域日益成为市场竞争的主体，专业镇横向竞争多、垂直整合少、资源浪费、后劲不足等问题愈加突出。必须进一步强化全市一盘棋的理念，破除行政藩篱和区划限制，以经济区的概念谋划专业镇的发展，加速专业镇特色产业的跨区域融合与产业链的延伸和配套完善，建立中山市乃至珠三角的横向区域整合。例如，中山市正大力打造的"中山美居"品牌，实质上就是站在全域中山的角度考量专业镇发展问题，而且是在更广的范围、更高的层面深化转型升级。在持续推进整个中山区域整合升级的过程中，也要持续加大中山范围内资源的统筹力度，加快推进市级平台建设产业协作区规划的实施，完善镇区间经济合作的信息共享、绩效考核、财税分成等机制。

一、统筹规划产业发展布局

虽然以镇为单位的发展模式，在中山的产业集群形成和升级中占有重要的位置，但在资源日趋紧张的情况下，这种依靠资源、劳动密集型的发展模式越来越受到挑战。必须加强顶层设计，统筹规划产业发展布局，从体制上、规划上、政策上打破区域藩篱，对产业发展的空间布局、产业结构、基础设施等科学定位，统筹谋划。

引入战略性发展智库，对全市产业发展进行问诊把脉，提出产业发展的区域规划。在充分发挥好本地经济社会发展研究力量作用的同时，通过购买中国社会科学院、北京大学国家发展研究、零点研究咨询集团、中国（海南）改革发展研究院等智库的服务，做好发展思路目标的规划。首先，要把中山产业发展放在国家、省的发展规划之中，明确中山发展定位。其次，要按照"相对集中，相互配套，产业衔接"的原则，科学合理地做好产业布局；要按照"做强做大传统产业，加快发展战略性新兴产业"的思路和"做大产业链的上下扩张，拓宽产业链的前后延伸，增强产业配套吸引力"的要求，瞄准和引进产业链中的龙头核心企业来拉动产业链，围绕产业链上下扩张、内外拓展、左右延伸来补链、增链、壮链，从而做强做大产业，促进产业集群加快转型升级。最后，要强化顶层设计，使全市经济发展有机融合为一体；要强化镇区产业发展规划与地级市政府总体规划的衔接，在发展目标、空间布局和重大项目上与总体规划保持一致。确保财税机制、绩效考评机制与全市发展目标的一致性，使产业经济能够实现统筹协调发展。

二、加快交通基础设施建设

基础设施是经济社会赖以生存和发展的基本条件。世界银行认为，基础设施即使不能称其为牵动经济活动的"火车头"，也是促进经济发展的"车轮"。交通基础设施是国民经济重要基础性和先导性产业，是支撑地方经济社会发展的命脉，对推动国民经济发展和产业转型升级具有不可替代的重要作用。然而，在区域经济发展中，中山连接东西两岸的通道相对并不通畅，深中通道目前仍难以启动；部分镇区道路交通基础设施建设滞后，断头路尚未打通，严重影响着中山融入经济一体化的进程和深度。

地方政府必须进一步加强统筹规划，坚持规划先行，加大政府调控资源共享和集约开发的力度，推进公路交通网络一体化以及轨道交通网络一体化、港航建设一体化以及枢纽衔接规划、交接地区交通衔接、基础设施管理一体化。以公路交通网络衔接为重点加快交通基础设施建设，争取用 5 ~ 10 年的时间，建成布局合理、能力充分、衔接顺畅、运行高效的交通基础设施一体化体系，使交通基础设施协调机制更加完善，实现区域内交通基础设施的有效衔接与优化配置。加快推进交界地区交通衔接，打好与珠江口东岸、港澳衔接的交通网络基础，构建起"珠中江一小时生活圈"。在空间布局及立体化多重网络体系规划中，切实加强统筹协调，要找准制约综合交通和现代物流发展的突出问题，抓住战略节点与枢纽，着力整合优化资源，力求综合交通与现代物流的空间与网络规划、节点与枢纽规划涵盖全局，及时解决好虚拟与实体各类突出"瓶颈"，完善与提升信息化服务链和实体供应链，真正做到软硬"一盘棋"，形成层次分明、互相衔接、配套完善、通畅高效、安全可靠、服务标准的大交通大港口大物流，促进综合交通与现代物流加快融合发展。争取各方支持，加快深中通道建设，在深圳蛇口、东莞虎门、广州南沙、中山港、珠海高栏等港口之间形成顺畅的港口联运和海陆联运机制，为中山更快、更全面融入全球产业链提供基础。

三、加快智慧中山建设

现代经济的发展不仅要有现实中的高速公路将各地实际联系在一起，更要有虚拟的网络高速公路将整个中山市、珠三角乃至广东联成一个整体。因此，推进中山市产业转型升级，必须重视网络化、信息化建设，加快建设智慧中山。

首先要加强智慧城市建设的统筹规划和政策支持。政府要加强顶层设计，整合各部门力量，形成智慧城市建设的统一规划。在强化规划的前提下，加大财政投入力度、加大通信设施等相关基础设施建设力度。同时，出台鼓励市场化投融资、信息系统服务外包、信息资源社会化开发利用等政策。支持公用设备设施的智能化改造升级，加快实施智能电网、智能交通、智能水务、智慧监管、智慧物流等工程。

其次，政府带头加强行政审批智慧化建设。精简行政审批事项，推动行政审批工作标准化、审批流程部门一体化；全面推进网上办事大厅建设，实现行政审批事项全面入驻网上办事大厅，审报资料填写便捷化，部门之间审批推送自动化，形成统一的公共信息数据平台，大大提高行政审批效率。在生产力服务中心、行政审批大厅等公共服务场所提供上网设备、开通无线WiFi等，方便办事人员填报审批所需资料。

最后，国有企事业单位引领、社会各界共同参与加强智慧城市建设。积极引导、推动国有企事业单位加强信息化建设，在智慧城市建设中要先行先试。支持中国移动、中国联通、中国电信等企业加大投入力度，为智慧城市建设提供支撑。在政府带头、国有企事业单位引领基础上，大力发展以网上办事大厅为核心的行政服务云、以北斗应用示范为核心的服务于城市管理的位置服务云、以中山美居为核心的电子商务云、以全通教育为核心的教育云、以医疗健康区域平台为核心的健康服务云、以肉菜溯源为核心的食品安全保障云等应用系统，延伸"智慧中山"覆盖和服务范围，加快智慧城镇建设，提升城镇智能化管理水平，支撑新型专业镇的产业信息化和智慧服务体系建设。

第三节　中山市产业集群的产业链纵向升级

"纵向分工"，是指产品价值链不同环节的分工。在技术进步、交通成本减少的情况下，区域和国际贸易加工的便利和一体化，使产业链不同环节在空间上分离成为可能和现实。产业链的纵向分工成为产业集聚和产业升级的重要的因素和力量。从价值链的地理分布而言，价值链的分工表现为经济发展水平高的地区从事产品价值链高附加值环节，如前端的研发、设计、采购及后端的市场渠道和分销等，而经济落后地区从事产品价值链低附加值环节，如加工、制造、组装等。无论从价值链分工形成的经济动因还是从价值链分工的地理分布来看，都呈现"纵向"特征，产业链的纵向优化有利于促进产业的链条式升级，带动整个产业集群升级。

一、加强公共技术服务平台建设

创新是企业不断提高竞争力的源泉。企业创新离不开创新所需的基本公共服务。应统筹规划全市公共服务平台建设，优化科技服务资源平台建设，构建适合不同层次企业发展的技术服务平台。以中山市生产力促进中心、小榄生产力促进中心、火炬开发区创业服务中心等为龙头，建设集技术研发、检验检测、技能培训、成果转化、企业孵化、专利服务、方案制订等功能于一体的市镇创新服务平台。结合本地产业特色和优势，通过市场机制，重点培育对本地产业发展和战略取向密切相关的新型研发机构。狠抓以清华大学等为龙头的校企（院所）合作，由以往的企业为核心的"产学研"拉动模式，逐渐转变为创新人才和高端知识创新为源头的"学研产"推动模式，大力推动科技创新和成果转化。

二、加强质量基础建设

质量兴、制造兴。基础不牢，地动山摇。中山产业集群的链条式升级，必须加强标准、计量、检验检测、认证认可等质量基础。要深入实施标准化战略，加快中山市标准化信息查询服务平台和标准文献数据库建设，加大对标准制修订动态情况的跟踪力度，及时更新标准信息，为中小微企业查询国家标准、行业标准、地方标准和国际标准以及国外先进标准提供更加优质便捷的服务，促进企业产品标准水平、产品质量水平和市场竞争力的提高；组织专家帮扶企业建立健全以技术标准为主体、管理标准和工作标准为支撑的企业标准体系，鼓励广大企事业单位参与国际、国家、行业和地方标准的制修订工作，争取更多标准化专业技术组织落户中山，提升中山在标准制修订方面的话语权；加快建设 TBT 通报评议基地，完善技术性贸易措施应对防控体系，促进企业顺利"走出去"；指导企业建立健全质量管理、诚信责任、标准化和计量体系，推动企业追求卓越产品质量，不断提升中山制造质量水平。建立质量提升服务平台，完善对中小微企业标准信息咨询、质量检测、计量检定、技术诊断等社会公共服务体系建设。

三、提升产业供应链整体素质

加强对中小微企业的质量服务，重点加强对企业经营者和质量管理者的质量管理培训，提高企业全员质量意识和质量技能；指导帮扶中小微企业推行全面质量管理，开展群众性质量管理小组活动；指导开展质量体系认证和产品认证工作，提升质量管理能力和产品档次，增强产品的市场竞争能力。大力发展标准联盟组织，广泛推行联盟标准，提高优势传统产业标准化水平，带动产业链质量水平整体提升，突显区域技术竞争优势。加大政府质量综合管理和质量安全保障能力投入，加强社会监督和综合治理，打击垄断经营和不正当竞争，坚决破除地方保护，构建企业自主依法进入市场、公平参与市场竞争、平等受到法律保护的国际化、法制化营商环境。强化质量退出机制，制定质量严重违法企业退出管理办法，加快淘汰落后产能，促进产业结构优化升级。搭建质量信用信息平台，完善企业质量信用档案和产品质量信用信息记录，建立质量信用登记制度和信息共享机制。完善质量投诉和消费维权机制，维护用户和消费者正当权益，以市场倒逼产品质量提升，不断提升产业整体素质。

四、积极优化产业组织

进一步优化融资环境，积极引进培育金融机构，加大政策支持力度，大力引进各类银行在中山设立分支机构，鼓励民间资本成立村镇银行、小额贷款公司、风险投资基金等，拓宽企业融资渠道。加大中小企业信用担保力度，扶持中小企业发展。设立市级风险投资基金，促进高新技术成果产业化和科技型中小企业发展壮大。积极培育多元化投融资主体，逐步形成"政府引导、社会参与、市场运作"的投融资新格局。

积极培育产业集群中具有较强技术创新能力的大中型企业。要采取工业发展专项资金优先扶持、优先安排发展用地指标、强化融资服务、鼓励引进高层次营销人才、促进企业上市等多项措施为企业兼并重组创造条件，优化产业组织体系，增强传统产业集群的创新能力，推动企业做强做大。大力发展科技含量高、投资规模大的战略性新兴产业项目和"自主创新、自主品牌"企业，推动智能制造装备、船舶与海洋工程装备、节能环保装备、新能源装备、新能源汽车关键零部件、北斗卫星及应用等基础较好的产业优先发展，同时大力发展与应用再生能源产业与技术，全力打造珠江西岸先进装备制造新增长极。

加快民营企业重组整合，培育壮大一批竞争力强的大型民营企业集团以及产业组织联盟，加快形成"星月同辉"的产业格局。引导扶持一批重点企业对内整合生产、采购、销售、物流、财务等环节，对外兼并重组上下游优势企业资源，在实施以己为主的兼并重组企业政策的基础上，引进外地龙头企业和产业链关键节点项目与技术，打破专业镇现有低水平的平衡，激发发展活力。

五、大力培育引进技术工人和高端人才

引导企业与市内高校、职业技术学院、技工学校加强合作、搭建平台，培养引进技术改造紧缺适用人才，为企业提供智力支撑。重点支持拥有自主知识产权和核心竞争力的企业落户投产、增资扩产，以弥补产业链关键环节缺失。积极开展国际交流合作，大力引入国外优质资本、先进技术、先进管理模式，促进生产要素跳出中山自由流动，提升产业集群国际化经营水平和全球配置资源能力。改变人才引进机制，进一步加强人才的引进和培养。结合中山转型升级、融入全球价值链的需要，强化政策聚才、筑巢引才、环境留才、服务护才，为人才创造更优越的条件，营造更优良的环境。实施引进创新科研团队和领军人才计划，搭建博士后工作站、院士工作站、留学生创业园等平台，吸引海内外高端人才落户。重奖创新型科技人才，大力营造尊重劳动、尊重知识、尊重人才、尊重创造的浓厚氛围。依托中山市区域特色经济和国家级产业基地，建立镇企校企联合办学、合作培训、教育实习基地等长效机制和人才创业基地，营造良好的创业环境。

参 考 文 献

[1] Allen W D. Social Networks and Self-employment [J]. Journal of Social Economics, 2002 (29).

[2] Anderson K. Environmental Standards and International Trade. Annual World Bank Conference on Development Economics 1996, Washington: World Bank, 1996.

[3] Arrow K J. The Economic Implications of Learning by Doing [J]. Review of Economic Studies, 1962 (9).

[4] Balasssa B. Trade Liberation and Revealed Comparative Advantage [J]. The Manchester School of Economic and social Studies, 1965 (2).

[5] Basile R. Export Behavior of Italian Manufacturing Firms over the Nineties: the Role of Innovation [J]. Research Policy, 2001 (30).

[6] Beise M, Rennings K. Lead markets and regulation: a framework for analyzing the international diffusion of environmental innovations. Ecological Economics, 2005 (1).

[7] Brusco. The Idea of the Industrial District: the Experience of Italy [M]. London: Groom Helm 1990.

[8] Dicken P, Kelly P, Olds K, and Yung H. W. - C. Chains and Networks, Territories and Scales: toward a Relational Framework for Analyzing the Global Economy [J]. Global Networks, 2001 (2).

[9] Ernst D. Inter - Organization Knowledge Outsourcing. What Permits Small Taiwanese Firms to Compete in the Computer Industry? [J]. Asia Pacific Journal of Management, Special Issue on "Knowledge Management in Asia", 2000 (8).

[10] Feenstra R. Integration of Trade and Disintegration of Production in Global Economy [J]. Journal of Economic Perspectives, 1998 (4).

[11] Galvin P, and Morkel A. The Effect of Product Modularity on Industry Structure: The Case of the World Bicycle Industry [J]. Industry and Innovation, 2001 (1).

[12] Gefeffi G, and Korzeniewicz, M. (eds). Commodity Chains and Global Capitalism [M]. Westport: Praeger, 1994.

[13] Graedel T E, Allenby B R. Industrial Ecology. 2nd ed. New York: Prentice Hall, 2003.

[14] Kogut B. Normative Observations on the International Value-added Chain and Strategic Groups [J]. Journal of International Business Studies, 1984 (15).

[15] Krugman P. Development, Geography and Economic Theory [M]. Cambridge: MIT Press, 1995.

[16] Krugman P. Strategic Trade Policy and the New International Economics [M]. Boston: The MIT Press, 1986.

[17] Lang T, Hines C. The New Protectionism. Landon: Earthscan Publications Ltd. 3, 1994.

[18] Low P. International Trade and the Environment. World Bank Discussion Paper No. 159. Washington: World Bank, 1992.

[19] Luiza Bazan, Lizbeth Navas – Aleman. Comparing Chain Governance and Upgrading Patterns in the Sinos Valley, Brazil [Z]. Work Paper in Local Upgrading in Global Chains Held by University of Sussex, 2001.

[20] Lynch T. Leaving Home: Three Decades of Internationalization by U. S. Automotive Firms [Z]. IPC Working Paper 98 – 107, Cambridge, MA: MIT Industrial Performance Center, 1998.

[21] Madrid. Federation of Spanish Footwear Industries (FSFI). Footwear Annual Report Spain 2003 [R]. 2003.

[22] Marshall A. Principles of Economics [M]. London: The Macmillan Press, 1961.

［23］ Ottaviano, Robert N. Economic Geography and Public Policy ［M］. Oxford：Oxford University Press，2003.

［24］ Oz Shy. Industrial Organization：Theory and Applications ［M］. Cambridge：MIT Press，1995.

［25］ Porter M E，Linde C V D. Toward a new conception of the environment competitiveness relationship. Journal of Economic Perspectives，1995（9）.

［26］ Porter M E. Competitive Advantage，Creating and Sustaining Superior Performance ［M］. New York：Free Press，1985.

［27］ Porter M E. The Competitive Advantage of Nations ［M］. New York：Free Press，1990.

［28］ Richter A et al. Increase in tropospheric nitrogen dioxide over China observed from space. Nature，2005.

［29］ Rothwell R，Zegveld W. Industrial Innovation and Public Policy ［M］. London：Pinter，1981.

［30］ Saxenian S A. Regional Advantage ［M］. Boston：Harvard University Press，1994.

［31］ United Nations Industrial Organization. Industrial Development Report 2002/2003 Overview Competing through Innovation and Learning ［R］. 2002.

［32］ Vermeulen W J，Ras PJ. The challenge of greening global product chains：meeting both ends. Sustainable Development，2006（4）.

［33］ Von Hippel E. The Sources of Innovation ［M］. MIT Press：Oxford University Press，1998.

［34］ Weizsacker E V，Lovins A B，Lovins L H. Factor Four. London：Earthscan，1997.

［35］ Wellman B. Network Analysis：Some Basic Principles ［A］. Collins R. Sociological Theory ［C］. San Fransisco CA：Jossey - Bass Inc，1983.

［36］ Wheeler D. Racing to the bottom? Foreign Investment and Air Quality in Developing Countries. World Bank，2002.

［37］ White H. Identity and Control：a Structural Theory of Social Action ［M］. Princetion，NJ：Princeton University Press，1992.

［38］Yli – Renko H, Autio E, and Sapienza H J. Social Capital, Knowledge Acquisition and Knowledge Exploitation in Young Technology – Based Firms ［J］. Strategic Management Journal, 2001（6）.

［39］Zahra S A. et al. International Expansion by New Venture Firms: International Diversity, Mode of Entry, Technological Learning and Performance ［J］. Academy of Management Journal, 2000（5）.

［40］Zahra S A. A Conceptual Model of Entrepreneurship as Firm Behavior: A Critique and Extension ［J］. Entrepreneurship Theory and Practice, 1993（4）.

［41］Zhang Yan and Li Haiyang. Innovation Search of New Ventures in a Technology Cluster: The Role of Ties with Service Intermediaries ［J］. Strategic Management Journal, 2010. 31（1）.

［42］卞芸芸. 中山市沙溪镇产业集群形成机理研究 ［J］. 商业研究, 2007（4）.

［43］卞芸芸. 中山市沙溪镇休闲服装产业集群机理研究 ［D］. 硕士学位论文, 中山大学, 2005.

［44］陈超. 全球价值链视角下区域产业集群升级研究 ［D］. 浙江师范大学硕士学位论文, 2013.

［45］陈创强. 地方政府在中山市产业集群发展中的作用研究 ［D］. 硕士学位论文, 电子科技大学, 2011.

［46］陈旭. 基于产业集群的技术创新研究 ［D］. 电子科技大学博士学位论文, 2007.

［47］陈宇科, 邹艳, 杨洋. 基于产品生命周期和溢出效应的企业合作研发策略 ［J］. 中国管理科学, 2013（S2）.

［48］窦娜娜. 区域经济发展中的产业集群模式研究 ［D］. 中国海洋大学硕士学位论文, 2007.

［49］杜文芳. 全球价值链视角下的我国产业集群风险分析 ［D］. 中国政法大学硕士学位论文, 2009.

［50］段文娟. 全球价值链下地方产业集群升级的风险研究 ［D］. 华中科技大学硕士学位论文, 2007.

［51］范光基. 产业集群与技术创新的关联性研究 ［D］. 福建师范大学

硕士学位论文，2009.

[52] 冯森. 产业集群的技术创新服务体系研究 [D]. 中国海洋大学硕士学位论文，2013.

[53] 高建，汪剑飞，魏平. 企业技术创新绩效指标：现在、问题和新概念模型 [J]. 科研管理，2004.

[54] 郭金喜. 传统产业集群升级：路径依赖和蝴蝶效应耦合分析[J]. 经济学家，2007（3）.

[55] 胡大立，张伟. 产业集群技术创新的困境及突破——基于完全信息静态博弈的分析 [J]. 江西财经大学学报，2007（5）.

[56] 胡金生. 民营经济先发地区产业升级与政府作用 [D]. 浙江大学硕士学位论文，2005.

[57] 罗勇，曹丽莉. 中国制造业聚集程度变动趋势实证研究 [J]. 经济研究，2005（8）.

[58] 何刚. 为传统产业添上科技之翼——记中国腊味食品名镇中山黄圃 [J]. 广东科技，2007（12）.

[59] 胡荣昌. 产业集群竞争优势的经济学与管理学分析 [J]. 商业研究，2007（6）.

[60] 黄玮. 产业集群视角下产业梯度转移模式研究 [D]. 湖南科技大学硕士学位论文，2009.

[61] 黄中伟. 网络结构：产业集群区域竞争优势的源泉 [J]. 求实，2004（5）.

[62] 江静，刘志彪. 生产性服务发展与制造业在全球价值链中的升级——以长三角地区为例 [J]. 南方经济，2009（10）.

[63] 姜明辉，贾晓辉. 基于 C－D 生产函数的产业集群对区域创新能力影响机制及实证研究 [J]. 中国软科学，2013（6）.

[64] 赖磊，姜农娟. 基于动态能力的产业集群竞争优势培育 [J]. 云南财经大学学报，2007（4）.

[65] 兰宏. 全球价值链下的学习障碍和低端锁定研究 [D]. 华中科技大学博士学位论文，2013.

[66] 雷小毓. 产业集群的成长和演化机理研究 [D]. 西北大学博士学

位论文，2007.

[67] 黎继子，刘春玲，蔡根女. 全球价值链与中国地方产业集群的供应链式整合——以苏浙粤纺织服装产业集群为例 [J]. 中国工业经济，2005 (2).

[68] 李海舰，原磊. 企业永续发展的制度安排 [J]. 中国工业经济，2005 (12).

[69] 李晗斌. 日本产业集群政策分析 [J]. 现代日本经济，2009 (5).

[70] 李纪珍. 产业共性技术供给体系研究 [D]. 北京：清华大学经济管理学院，2002.

[71] 李建玲，李纪珍. 产业共性技术与关键技术的比较研究——基于北京市科委资助科研项目的统计 [J]. 技术经济，2009.28 (6).

[72] 李剑铭. 中山市黄圃腊味产业集群发展对策研究 [D]. 硕士学位论文，电子科技大学工商管理学院，2011.

[73] 李凯，李世杰. 产业集群的组织分析 [D]. 北京：经济管理出版社，2006.

[74] 李克杰. 产业集群区域创新网络研究 [D]. 暨南大学硕士学位论文，2006.

[75] 李新安. 产业集群合作创新自增强机制的博弈分析 [J]. 经济经纬，2005 (3).

[76] 梁琦. 中国制造业分工、地方专业化及其国际比较 [J]. 世界经济，2004 (12).

[77] 林东清. 知识管理理论与实务 [M]. 北京：电子工业出版社，2005.

[78] 林毅夫，刘明兴. 经济发展战略与中国的工业化 [J]. 经济研究，2004. (7).

[79] 刘长全，李靖，朱晓龙. 国外产业集群发展状况与集群政策 [J]. 经济研究参考，2009 (53).

[80] 刘传岩. 产业集群的竞争优势分析 [J]. 特区经济，2006 (12).

[81] 刘春香，徐玲. 全球价值链视角下传统产业集群升级的实证研究——以浙江为例 [D]. 武汉大学出版社，2012.

[82] 刘辉，刘瑾. 标准化对浙江产业集群技术创新影响机理研究[J].

科技进步与对策，2012（19）.

[83] 刘珂. 产业集群升级研究 [D]. 郑州：黄河水利出版社，2008.

[84] 刘珂. 区域品牌视角下的产业集群可持续发展研究 [J]. 科学管理研究，2008（5）.

[85] 刘丽珍，刘国伟. 阴性知识与核心竞争力 [J]. 管理科学文摘，2007（2）.

[86] 刘闲月，孙锐，林峰. 知识系统创新对产业集群升级的影响研究 [J]. 宏观经济研究，2012（1）.

[87] 刘向舒. 高新技术产业集群升级研究 [D]. 西北大学博士学位论文，2011.

[88] 刘媛媛，孙慧. 资源型产业集群形成机理分析与实证 [J]. 中国人口、资源与环境2014（11）.

[89] 刘震涛，李应博. 台资企业在世界经济不确定性因素影响下的转型升级 [J]. 国际经济评论，2008（7－8）.

[90] 罗军. 产业集群竞争优势的来源分析 [J]. 地域研究与开发，2007（6）.

[91] 罗勇，曹丽莉. 全球价值链视角下我国产业集群升级的思路[J]. 国际贸易问题，2004（11）.

[92] 马春龙. 企业发展战略——群落学的思考 [D]. 南开大学，1993.

[93] 马子红. 中国区际产业转移与地方政府的政策选择 [M]. 北京：人民出版社，2009.

[94] 牛永革，赵平. 基于消费者视角的产业区域品牌效应研究 [J]. 管理科学，2011（2）.

[95] 彭新敏. 权变视角下的网络联结与组织绩效关系研究 [J]. 科研管理，2009（3）.

[96] 钱方明. 江苏、浙江两省外贸发展模式的比较研究 [J]. 国际贸易问题，2004（10）.

[97] 钱锡红，徐万里. 创新扩散模型及修正综述 [J]. 科技管理研究，2009（2）.

［98］尚勇，朱传柏．区域创新系统的理论与实践［M］．北京：中国经济出版社，1999．

［99］沈孟康．中山市古镇灯饰产业集群发展现状及对策［J］．科技和产业，2013（2）．

［100］沈颖．基于产业集群的技术创新扩散模型研究［D］．长沙理工大学硕士学位论文，2009．

［101］盛世豪．产业竞争论［M］．杭州：杭州出版社，1999．

［102］石凯，胡伟．政策网络理论：政策过程的新范式［J］．国外社会科学，2006（3）．

［103］宋华盛，叶建亮．民营经济与区域发展［M］．杭州：浙江大学出版社，2008．

［104］宋玉华，江振林．行业标准与制造业出口竞争力——基于中国11大行业面板数据的实证研究［J］．国际贸易问题，2010（1）．

［105］苏振东，逯宇铎，刘海洋．异质性企业、产品生命周期与企业动态国际化战略选择［J］．南开经济研究，2012（6）．

［106］孙华平．产业转移背景下产业集群升级问题研究［D］．浙江大学，2011．

［107］田银华，唐利如．产业集群竞争优势的菱形模型：结构和机理［J］．中国社会科学院研究生院学报，2006（6）．

［108］童昕，王缉慈．硅谷—新竹—东莞：透视信息技术产业的全球生产网络［J］．科技导报，1999（9）．

［109］童昕，王缉慈．全球化与本地化：透视中国个人计算机相关产业群的空间演变［J］．经济地理，2002（6）．

［110］王辉．产业集群网络创新机制与能力培育研究［D］．天津大学博士学位论文，2008．

［111］王缉慈．超越集群——中国产业集群的理论探索［D］．北京：科学出版社，2010．

［112］王江．知识管理中隐含经验类知识的开发利用策略［J］．科研管理，2003（3）．

［113］王劲松，史晋川，李应春．中国民营经济的产业结构演进——兼

论民营经济与国有经济、外资经济的竞争关系［J］.管理世界，2005（10）.

［114］王珺，丘海雄.珠三角产业集群发展模式与转型升级［D］.社会科学文献出版社，2013.

［115］王来军.基于创新驱动的产业集群升级研究［D］.中共中央党校博士学位论文，2014.

［116］王立军.嵌入全球价值链与产业集群升级研究［J］.中共浙江省委党校学报，2007（1）.

［117］王明华.企业集群知识溢出对创新的影响［J］.工业技术经济，2009（12）.

［118］王乙伊.我国产业集群模式及发展战略研究［D］.中国海洋大学硕士学位论文，2005.

［119］王勇，李国武，论产业集群的地理边界与行政边界［J］.中央财经大学学报，2009（2）.

［120］王峥.集群创新网络的演进（附录）［M］.经济科学出版社，2008.

［121］魏江.小企业集群创新网络的知识溢出效应分析［J］.科研管理，2003（6）.

［122］吴迪.区域产业集群竞争优势构建——基于产业集群与区域创新能力互动关系视角［J］.企业经济，2012（2）.

［123］吴国林.广东专业镇：中小企业集群的技术创新与生态化［M］.人民出版社，2006.

［124］吴凌芳.企业集群形成和发展的力量：企业、政府与中介机构［M］.经济科学出版社，2008.

［125］吴巧生，成金华.能源约束与中国工业化发展研究［J］.科学出版社，2009（4）.

［126］伍励.基于区域创新网络的传统产业集群升级研究［D］.中南大学硕士学位论文，2008.

［127］肖虹.中国上市公司融资决策的产品生命周期因素分析［J］.经济评论，2007（2）.

［128］熊新忠.中医药产业集群式技术创新研究.武汉理工大学博士

学位论文 [D]. 2012.

[129] 薛求知，韩冰洁. 产业集群类型关联的企业创新模式分析 [J]. 兰州学刊，2007.

[130] 闫华飞，胡蓓. 根植性悖论：产业集群生命周期诠释 [J]. 科技进步与对策，2013 (16).

[131] 闫莹，陈建富. 网络关系强度与产业集群竞争优势关系的实证研究 [J]. 软科学，2010 (12).

[132] 颜士梅，王重鸣. 创业的机会观点：存在、结构和构造思路 [J]. 软科学，2008 (2).

[133] 杨洋. 中山古镇灯饰产业集群的发展阶段与对策研究 [D]. 电子科技大学硕士论文.

[134] 姚威，产学研合作创新的知识创造过程研究 [D]. 浙江大学，2009.

[135] 姚作为. 企业集群与品牌聚合 [J]. 生产力研究，2004 (9).

[136] 翟劢. 我国传统产业集群升级机制研究 [D]. 上海交通大学硕士学位论文，2009.

[137] 张国亭. 区域品牌的"公共地"风险及其对我国的启示 [J]. 理论学刊，2006 (9).

[138] 张辉. 全球价值链理论与我国产业发展研究 [J]. 中国工业经济，2004，194 (5).

[139] 张建平. 澳门信息业发展与产业转型 [J]. 广东社会科学，1999 (4).

[140] 张明龙. 产业集群的溢出效应分析 [J]. 经济学家，2004 (3).

[141] 张兴瑞. 全球价值链分工双面效应下中国县域产业升级研究——基于长三角地区全国百强县的实证 [D]. 复旦大学博士学位论文，2011.

[142] 张艳清. 产业集群内中小企业技术创新与政府行为 [J]. 企业经济，2011 (9).

[143] 张扬. 社会资本和知识溢出对产业集群升级的影响研究 [D]. 吉林大学博士学位论文，2009.

[144] 张元智，马鸣啸. 企业规模、规模经济和产业集群 [J]. 中国工

业经济，2004.195（6）.

[145] 赵剑冬，林健. 基于企业决策行为的产业集群政策研究 [J]. 科学学与科学技术管理，2009（3）.

[146] 赵鹏，罗福周. 基于集群网络组织结构的高新技术产业集群知识创新路径研究 [J]. 改革与战略，2013（12）.

[147] 郑健壮. 产业集群转型升级及其路径选择 [D]. 浙江大学出版社，2013.

[148] 郑健壮. 产业集群、循环经济与可持续发展 [M]. 上海三联书店，2009.

[149] 郑健壮. 基于资源管的产业集群政策研究 [M]. 上海三联书店，2007.

[150] 郑健壮，吴晓波. 论传统产业集群知识转移途径 [J]. 经济体制改革，2004（6）：46－50.

[151] 郑君君，陆伟. 新型产业集群在美国的聚集效应 [J]. 江汉论坛，2005（12）：31－33.

[152] 郑小勇. 创新集群的形成模式及其政策意义探讨 [J]. 外国经济与管理，2010（2）.

[153] 智睿芝. 全球价值链视角下地方产业集群升级路径研究 [J]. 中国城市经济，2010（11）.

[154] 钟书华，创新集群：概念、特征及理论意义 [J]. 科学研究，2008（1）.

[155] 周大鸣. 外来工与"二元社区"——珠江三角洲的考察 [J]. 中山大学学报（社会科学版），2000（2）.

[156] 周军. 基于企业集群的区域品牌生成机理探析 [J]. 管理观察，2008（10）.

[157] 朱国宏. 经济社会学 [M]. 复旦大学出版社，1999.

[158] 朱浩义. 集群网络结构对集群网络功能的影响研究 [D]. 硕士学士论文，浙江大学，2005.

[159] 朱小丹. 珠江三角地区转型升级评估报告 [R]. 广东省人民办公厅，2014（12）.

[160] 朱华友，陈军．产业集群治理结构分异及其对集群升级的影响 [J]．社会科学家，2009（7）．

[161] 朱学彦．基于嵌入性关系和组织间学习的产学知识联盟研究 [D]．博士学位论文，浙江大学，2009．

[162] 朱有为．中国制造业的技术创新绩效研究 [D]．博士学位论文，东南大学，2007．

[163] 邹锡兰，谈佳隆，邱彦文．广东西樵：纺织业突围 [J]．中国经济周刊，2006（7）．

[164] 左和平．全球价值链视角下特色产业集群升级机理探析 [J]．财经问题研究，2010（4）．

[165] 左莉．产业转型中价值转化模型研究 [D]．大连理工大学，2002．